世紀
人物100

微生物先知

巴斯德

郭永元　著

三民書局

獻給孩子們的禮物

主編的話

世界上最幸福的孩子，是他們一出生就有機會接近故事書，想想看，那些書中的人物，不論古今中外都來到了眼前，與他們相識，不僅分享了各個人物生活中的點滴，孩子們的想像力也隨著書中的故事情節飛翔。

不論世界如何演變，科技如何發達，孩子一世幸福的起源，仍然來自於父母的影響，如果每一個孩子都能從小在父母親的懷抱中，傾聽故事，共享閱讀之樂，長大後養成了閱讀習慣，這將是一生中享用不盡的財富。

三民書局的劉振強董事長，想必也是一位深信讀書是人生最大財富的人，在讀書人口往下滑落的多元化時代，他仍然堅信讀書的重要，近年來，更不計成本，連續出版了特別為孩子們策劃的兒童文學叢書，從「文學家」、「藝術家」、「音樂家」、「影響世界的人」系列到「童話小天地」、「第一次」系列，至今已出版了近百本，這僅是由筆者主編出版的部分叢書而已，若包括其他兒童詩集及套書，三民書局已出版不下千百種的兒童讀物。

劉董事長也時常感念著，在他困苦貧窮的青少年時期，是書使他堅強向上，在社會普遍困苦，而生活簡陋的年代，也是書成了他最好的良伴，他希望在他的有生之年，分享這份資產，讓下一代可以充分使用，讓親子共讀的親情，源遠流長。

「世紀人物100」系列早就在他的關切中構思著，希望能出版孩子們喜歡而且一生難忘的好書。近年來筆者放下一切寫作，接下這份主編重任，並結合海內外有心兒童文學的作者共同為下一代效力，正是感動於劉董事長致

力文化大業的真誠之心，更欣喜許多志同道合的朋友，能與我一起為孩子們寫書。

「世紀人物 100」系列規劃出版一百位人物故事，中外各占五十人，包括了在歷史上有關文學、藝術、人文、政治與科學等各行各業有貢獻的人物故事，邀請國內外兒童文學領域專業的學者、作家同心協力編寫，費時多年，分梯次出版。在越來越多元化的世界中，每個人都有各自的才華與潛力，每個朝代也都有其可歌可泣的故事，但是在故事背後所具有的一個共同點，就是每個傳主在困苦中不屈不撓，令人難忘的經歷，這些經歷經由各作者用心博覽有關資料，再三推敲求證，再以文學之筆，寫出了有趣而感人的故事。

西諺有云：「世界因有各式各樣不同的人群，才更加多采多姿。」這套書就是以「人」的故事為主旨，不刻意美化傳主，以每一位傳主的生活經歷為主軸，深入描寫他們成長的環境、家庭教育與童年生活，深入探索是什麼因素造成了他們與眾不同？是什麼力量驅動了他們鍥而不捨的毅力？以日常生活中的小故事，來描繪出這些人物，為什麼能使夢想成真。為了引起小讀者的興趣，特別著重在各傳主的童年生活描述，希望能引起共鳴。尤其在閱讀這些作品時，能於心領神會中得到靈感。

和一般從外文翻譯出來的偉人傳記所不同的是，此套書的特色是，由熟悉兒童文學又關心教育的作者用心收集資料，用有趣的故事，融入知識，並以文學之筆，深入淺出寫出適合小朋友與大朋友閱讀的人物傳記。在探討每位人物的內在心理因素之餘，也希望讀者從閱讀中，能激勵出個人內在的潛力和夢想。我相信每個孩子在年少時都會發呆做夢，在他們發呆和做夢的同時，書是他們最私密的好友，在閱讀中，沒有批判和譏諷，卻可隨書中的主

人翁，海闊天空一起遨遊，或狂想或計畫，而成為心靈知交，不僅留下年少時，從閱讀中得到的神交良伴（一個回憶），如果能兩代共讀，讀後一起討論，綿綿相傳，留下共同回憶，何嘗不是一幅幸福的親子圖？

2006 年，我們升格成為祖字輩，有一位朋友提了滿滿兩袋的童書相送，一袋給新科父母，一袋給我們。老友是美國國家科學院院士，曾擔任過全美閱讀評估諮議委員，也是一位慈愛的好爺爺，深信閱讀對人生的重要。他很感性的說：「不要以為娃娃聽不懂故事，我的孫兒們一出生就聽我們唸故事書，長大後不僅愛讀書而且想像力豐富，尤其是文字表達能力特別強。」我完全同意，並欣然接受那兩袋最珍貴的禮物。

因為我們同樣都是愛讀書、也深得讀書之樂的人。

謹以此套「世紀人物 100」叢書送給所有愛讀書的孩子和家庭，以及我們的孫兒──石開文，他們都是世界上最幸福的孩子，因為從小有書為伴，與愛同行。

作者的話

巴斯德那個年代，當醫生才完成膿瘡清除手術，便馬上趕去截肢或到產房接生，滿手帶菌的鮮血和膿液只用乾布一擦，其餘的就邊跑邊往白袍上揩，這就是當年的醫療環境。醫生不知道洗手和消毒為何物，袍上血污是賣力的象徵，是向人炫耀的證物。只是，病人大部分因感染而死亡，開刀的決定往往以死亡證書的簽字作結束。他們雖然意識到可能有微生物的存在，但在他們心中，疾病仍然是來自大氣、水、土，或人體內化學物質出了毛病。因此，當巴斯德提出「微生物論」時，大家群起而攻，以「邪說」對待，視他為「異端」。

當然，那時的醫學界也有足夠的理由相信水、大氣、營養、人體化學帶來疫疾，因為情況確實如此。但他們忽略甚至盡可能拒絕接受，致病的真正禍首是肉眼看不見的微生物。也許他們覺得懸壺濟世是一種征服自然界中邪惡力量的行為，消滅一個形而上的敵人，整治複雜的生理錯敗，就如同打倒巨人的大業，具有崇高的使命，絕不是單單像消滅微生物這樣微不足道的對手，所能夠相比的。

同樣的想法也存在於自然發生論的支持者心中，他們相信「生命力」存在於大氣、水、土，卻看不見菌、卵、孢子、原蟲等較大的有形生物。其實，我們對自然發生論者也必須有所理解，上帝創造一切是千百年來的主流意識，只有思想前衛的人才會相信自然發生論，認為在適當的自然環境下，無機物質會合成有機物質，然後出現了生命現象，這和當今理論吻合。也就是說，他們是在解釋地球生物的起源，與 20 世紀和 21 世紀的觀念吻合。但這個生

v

物的起源是一個需要千萬年的過程，和腐肉生蛆大異其趣。

　　儘管光學儀器大大擴張了人類的視野，顯微鏡讓人們看到了微細的生物。但把顯微鏡的功用發揮到極致的莫過於巴斯德，他發現晶體的微細面，更注意到它們朝左和朝右的特性；他研究發酵時，超越了微細的酵母而注意到更微細千百倍的細菌和萬倍的病毒，並運用顯微鏡解決了蠶病的問題。

　　和他的謹慎、精密、低調和謙虛相反，巴斯德的每一個發現都能引起驚喜和轟動，而且影響久遠。除了化學合成雷森默克酸外，他更在晶體、釀酒、食品處理、免疫、微生物學上有重大貢獻，幾乎每一塊石頭他點觸都會成金。從小他就會問：為什麼妹妹得了肺病，常常咳嗽？肺病是怎樣來的？為什麼瘋狗病會致人於死？他要答案，他要拯救人命。他的「微生物論」改變了醫生治病的方向，影響了英國的李斯特，進而大大降低了手術的死亡率，一百多年來救人無數。

　　巴斯德是一個非常注重家庭的人，他愛他的父母和姐妹，他愛他的妻子和兒女，雖然全心投入工作，卻不放過每一個能和他們在一起的機會。他樂意向他們詳細解述他的工作，並盡量讓他們參與他的研究。

　　巴斯德生命中最重要的人是他的妻子瑪莉，婚後的四十六年，她犧牲了自己，為了家庭、為了兒女，還要面對他們的相繼夭折，更重要的是成全了巴斯德的功業。可以說，她為了世人而犧牲。婚前，當巴斯德向瑪莉求婚時，幾星期都得不到回音，準岳母為準女婿焦急，向女兒打聽消息，知女莫若母，母女二人有著相同的嘆息：這個年輕人是屬於世人的。妳甚至不能跟實驗室及書本去競爭，妳必須完全奉獻。經過漫長的考慮，瑪莉選擇了奉獻。

　　早在 19 世紀，保護動物人士便已經開始抗議用動物做實驗，甚至迫使英

國政府於 1876 年立法，禁止用動物做實驗。1881 年，巴斯德出席的那次國際醫學年會就遭到場外的抗議和社會重大壓力，還有人威脅要取巴斯德的性命。實驗時，巴斯德曾用過各式各樣的動物，小如鼠兔大如牛羊，他不忍心看牠們受苦，有時不得不讓助手去做，自己站到戶外去沉思。犧牲少數動物，就能使百萬計的牛羊免於炭疽病的摧殘，或讓雞能免於雞瘟，貓狗免於狂犬病……更別說人類的受益了。連達爾文都讚揚巴斯德的貢獻，支持動物實驗，而且兩人都全力提倡盡量減少不必要的犧牲。

比巴斯德大二十三歲的達爾文於 1859 年發表了《物種之起源》，提倡進化論，主張無機物質在適當的環境下產生了簡單的生物（這是廣義的自然發生論），然後，在適者生存和自然淘汰的原則下，演化出高等生物。和達爾文相反，巴斯德是個非常虔誠的教徒，深信上帝創造了萬物，然後一成不變的繁衍下去。進化論開啟了和創造論（神創造一切）的跨世紀辯論。辯論跨越自然科學、文學、哲學、社會學……，人們開始質疑自己的信仰，特別是主張凡事「求證」的科學家。巴斯德用實驗方法證明自然發生的不存在，卻不能否定進化論，原因是他不能用實驗方法證明上帝的存在。人們向外求知，向內自省，希望給「神」之有無的問題求得答案，但答案可能永遠不可得。大部分的人能夠將二者劃分共存，求取一種平衡。巴斯德也是這樣，雖然每事必求證據，但他從不懷疑自己的信仰，也許別人覺得矛盾，但他只管獨自埋首實驗室，從事濟世的大業。

歐洲的 19 世紀是多采多姿的，有大文豪如歌德、托爾斯泰……；大音樂

家如華格納、布拉姆斯、貝多芬……；軍事家如拿破崙；還有畫家、思想家……數不勝數。對醫學影響最大的巴斯德，讓我們明瞭疾病的起因，帶給我們疾病的預防觀念和新的治療方法，讓切身的健康問題得到保障。除此之外，他從微生物的角度解釋生和死之間物質的循環，這種啟示已超越物質的範疇，使我們對宇宙生生不息的意義有更深一層的領悟。

寫·書·的·人

郭永元

　　1941 年出生在翠綠純樸但遭戰爭摧殘的廣東農村，在澳門唸小學，在美麗的寶島臺灣唸中學，畢業於臺大植物病蟲害學系。1965 年赴美在猶他州和科羅拉多州讀微生物，並一直在加大、南加大、榮民醫院研究醫學微生物。喜歡寫作，曾獲得《聯合報》及《光華雜誌》徵文獎。

微生物先知

巴斯德

目次

世紀人物
100

巴斯德

1822～1895

1 兩個「酸」故事

　　巴斯德在走廊上來回踱著方步，兩手插在褲袋裡，他沉思著，心裡有點忐忑。走廊上不時有人來往，但他似乎無心注意。這裡是巴黎的法蘭西學院，它建於1530年，距巴斯德的年代已有三百餘年了，是法國的最高學術殿堂之一。在這長廊兩側的幾個門扉中的一間實驗室，現正是重門深鎖，對年方二十五歲的青年來說，一個非常重要的實驗正在進行著，實驗的成敗別說關係著這青年的前途，更左右了現代科學的腳步。

　　時光一分一秒流逝，巴斯德在化學上的新發現，此刻正在門後被嚴格的驗證著。他雖然胸有成竹，但畢竟他只是個大學畢業生，而執行這項驗證的不是別

人，正是年事已高又非常挑剔、嚴酷的法蘭西研究院＊元老科學家畢奧＊。

這是 1848 年的事，當時歐洲科學家已知光線和晶體的某些關係，譬如白光穿過三稜鏡後分成七色的光譜；又如光線＊通過某些晶體（如糖、酸及礦物鹽等）或晶體的溶液後，產生旋光性現象＊。譬如這個正被畢奧在顯微

放大鏡

＊法蘭西研究院　相當於我們的中央研究所，包括五個研究所。

＊畢奧　1774～1862 年，法國物理學家，研究光、電、晶體的旋光性很有成就，礦石 biotite 便是以他的名字來命名。

＊不是光線的全部，只是光線中某一部分的光波。把固定在牆上的一束繩子當做射向牆面的一束光線，手握繩子的一端上下抖動，繩子的波浪就會上下起伏往牆上衝去，如手左右擺動，繩波就會左右擺動前進，這就是光線的行進方式。手的擺動除了上述的兩種方式外，還可以有無限多種的方式，如左上右下，右上左下……這就構成了自然光，但測量物質的旋光性只能用一種方式，現在讓我們選擇上下抖動的光波來解釋下文的旋光性。

＊一束上下波動的光線，以鐘面為準，波峰為十二時，峰谷為六時，射進溶液之後出來的波峰如改變為一時，峰谷為七時，溶液即為右旋光性；若波峰變為十一時，峰谷為五時，溶液即為左旋光性。

鏡底下檢視的酒石酸就有旋光性，能將光束往右旋。

酒石酸在葡萄酒釀製業中占了很重要的地位，法國以產葡萄酒聞名於世，釀酒業更是法國經濟的重要支柱，但有時在釀造的過程中，不知何故會產生一種叫雷森默克酸的物質，它會破壞酒的品質，使業者蒙受重大損失。這種不易多得又神出鬼沒的酸，它的晶體形狀、分子結構，和酒石酸完全相同，可以說是一體的兩面，唯一不同的是，這種不受歡迎的酸沒有旋光性，對光學家和化學家來說這是個很大的謎團，具有挑戰性，但亦使他們傷透腦筋。

很多頂尖的科學家，如畢奧，研究多年都不得其解。但巴斯德以其獨具的精微觀察力及耐心，細心觀察酒石酸晶體後，赫然發現每一顆晶體除了大家熟知

的幾個晶面外，有一個平面特別長了一點，不易被人注意。他把晶體溶解於水中並以旋光儀觀測，溶液如他所料呈右旋性。以此推論，沒有旋光性的雷森默克酸的晶體一定不具備這個小平面。但事實使他非常失望，在儀器底下每一顆晶體都稜角鮮明，那較長的晶面更是閃閃發光。

　　對一般人來說這是失敗的閃光，但巴斯德不是那麼容易接受失敗的人，他秉著鍥而不捨的精神繼續研究，終於讓他發現，雷森默克酸的晶體中實含有兩種晶體，當中的差異在於這特殊晶面的指向＊，有的面向右方，有的面向左方，他靈光一閃：這是兩種不對稱晶體的混合。

放大鏡 ＊舉一個相近的例子來說明，例如特別細小的螺絲釘，別人只看到螺紋的存在，而巴斯德卻發現螺紋有右旋和左旋之分。

　　他細心的把它們分開，將左向的晶體（因為右旋光的酒石酸看多了，左旋光的這種新發現晶體才是稀罕）分選出來溶於水，擺在旋光儀中看，果然，溶液顯示它具有左旋性。那麼雷森默克酸缺乏旋光性的原因就非常明顯了，因為兩種旋光性相反的晶體等量混合，旋往右方的光軸又被往左旋回，結果互相抵消了。

　　這是個劃時代的發現，也證實了巴斯德心中存在的理念：晶體的形狀（晶體小平面的指向左或右），會支配光線進入後再冒出來的性質。他的心臟狂跳著，叫了一聲：「成了！」就不敢再看那些儀器一眼，怕這個非同小可的實驗結果會如夢般消散。

　　有如那個有名的阿基米德*

放大鏡 —— *阿基米德在泡澡時悟出物體的比重和它排開的水量間的關係，高興得忘了穿衣服便奔回家，大叫：「找到答案了！」

式的狂奔，巴斯德衝出實驗室，遇見一位同事，把他擁抱起來，向他解說這發現的前因後果，令那人如墜五里霧中。

　　巴斯德的傳奇在巴黎的科學界流傳開來，成為科學研究者討論的熱門話題。法蘭西研究院內科學研究所的圖書館，一直是科學家閒聊的交誼中心，這天坐了不少人，化學家巴納＊正以其高亢尖銳的嗓子推介巴斯德的成就，在座還有重量級有機化學家仲馬＊，這兩位都是巴斯德在高等師範大學念書時最心儀的老師。圖書館裡的氣氛是輕鬆的，

放大鏡

＊巴納　1802～1876年，頗似孔夫子的門徒顏回，他過著非常簡單的生活，出門旅行只帶一件襯衫、一雙襪子，用舊報紙包著，再塞到口袋裡。實驗室中的簡單儀器他都自己製作。廿二歲時，巴納發現了溴元素，後來又發明自海水提煉出硫酸鈉的方法。

＊仲馬　1800～1884年，有機化學家，他推翻前人的有機化學定理，建立新的定理，他的研究對有機化學理論有革命性的影響，對後來的有機化學家影響深遠。

但似乎所有的發言都對著坐在最後一排的一位長者，他斜靠在椅背上，頭歪一邊，眼睛垂顧著手上的咖啡杯，以一分在乎九十九分不信任的語氣說道：「你們沒有搞錯？」他就是畢奧。畢奧窮其一生研究物質的旋光性，在巴斯德出生前七年便發現糖溶液的旋光性了，哪裡會相信一個黃毛小子能解開他多年埋首都解不了的難題？他已受不了巴納這南方佬刺耳的聲調，懶洋洋的說：「我要看看這後生的實驗數據。」

這件事情傳到巴斯德耳裡，他雖然不認識畢奧，但對熱愛科學且有成果的人有一種自然而然的尊敬，尤其他自己對科學的嚮往，更使他覺得應讓這位長者明瞭並分享這科學的新發現，於是便去函希望拜見他。畢奧回了一封措詞禮貌的信：「……我很樂意檢視你的實驗結果，尤其如果能

單獨示我，請相信我對所有能堅持又細心的年輕人的成果懷有興趣。」

實驗的第一天，畢奧取出自己珍藏的雷森默克酸交給巴斯德說：「我曾費了很大的功夫研究這物質，它是絕對的無旋光性，我要你在我面前把它溶於水，再結晶，然後如你所說分出左右二堆，分別在旋光儀中察看。」畢奧的表情和語氣明顯懷著不信任感，接著他再取出實驗必需的玻璃器皿說道：「只能使用我提供的器材。」他要巴斯德在他眼前一步一步的做。巴斯德將酸溶解，放在結晶儀器裡，畢奧再將儀器置於無人能碰觸的地方讓它結晶。兩天後結晶出現，巴斯德被召回來。巴斯德親自在顯微鏡下將兩種相反的結晶分成二組交給了畢奧。

「那麼你肯定我的中性晶體

已被你分成了右旋光及左旋光兩類啦?」

「是的。」巴斯德肯定的回答。

「其餘的由我接手。」畢奧把巴斯德請出了實驗室,讓他獨自在走廊上徘徊,再將自己鎖在室內。他把左旋的那堆晶體溶於水,置於旋光儀中,果然如巴斯德所說,光線往左旋,畢奧不願再花時間在另外的一堆上,便推開門,緊握著巴斯德的雙臂,說:「我親愛的孩子,我一生熱愛科學,這次的確真真實實的打動了我的心!」從此開啟了兩人一段亦師亦友的情誼。

2 成　長

　　路易‧巴斯德在 1822 年 12 月
27 日凌晨二時出生於法國東部山
區的小城杜爾，這裡離巴黎約三
百六十公里，東北離現在的德國
邊界不遠，往東幾十公里便是瑞
士，阿爾卑斯山脈就在那兒。巴
斯德的遠祖在移居杜爾之前，便
是在山區從事伐木工作。

　　這個家族當時屬於農奴階
級，地位只比奴隸稍微高一些。
巴斯德的曾祖父因為嚮往自由，
中年時花了點錢買回自由身，從
事皮革製造。後來，巴斯德的祖
父和父親遷居至附近的大城，仍
舊從事皮革業，但都不怎麼成
功。那時正是拿破崙在位時期，
巴斯德的父親桑因‧約瑟夫‧巴
斯德應召入伍，參加半島之役，
攻打西班牙北部幾省的游擊

隊。＊傳說他非常英勇，也頗有名聲，他能自製火藥，在山區裡，老人婦女都跟著他跑，小孩也自願當哨兵，游擊隊的首領幾乎被他們全數捉著。得了小小的勝利後，巴斯德的父親不久便回到法國。

在一次戰役裡，已是上士的約瑟夫和八千人共同對抗四萬敵軍，部隊因此得到「勇者中的勇者」的美名。桑因・約瑟夫升了官，並且得到「榮譽大十字勳章」＊。隨著拿破崙的被逐，帝國崩潰，約瑟夫退役回鄉，悲憤莫名。幸好，後來有一位年輕女子吸引了他的注意力，兩人隔河朝夕相望，情愫漸生。這位在甜美家庭長大的女子個性活潑熱情，而桑因・約瑟夫則是個內向沉穩的年輕退伍軍人，不久兩人便結成連理，離開大城搬到不遠處的杜爾小城。長子生下來不到

幾個月便夭折，大女兒珍妮出生於 1818 年，四年後路易‧巴斯德出世，之後又有兩個小女孩誕生。

　　巴斯德的童年搬過兩次家，先是外婆年事已高，全家便搬家以便就近照顧外婆，巴斯德的童年記憶從這裡開始，他喜歡在田

放大鏡

＊巴斯德的父親桑因‧約瑟夫‧巴斯德參加半島之役時，正是拿破崙統治法國的年代，因此對這個複雜多變又有趣的年代有個概括的認識是必要的。

　　1789 年，法國發生大革命，民眾推翻了奢靡的波旁皇朝，把皇帝路易十六送上斷頭臺。法國共和時代開始，高舉自由平等博愛的理想，起初政局不穩，和鄰近國家因利益衝突，引起了歐洲戰爭，戰爭時有勝負。1799 年，遠征埃及的將軍拿破崙‧波拿帕特回到法國，得到人民英雄式的接待。經過十年的動亂，在拿破崙的領導之下，法國終於走上和平康樂的道路，更一躍而為歐洲霸主。後來拿破崙在 1804 年稱帝（即拿破崙一世），人民同樣擁戴他。四年後和英國的半島戰爭，就是巴斯德的父親所參加的那一場戰爭。這場戰爭打了五年，法軍折損三十萬士兵。最後英國打贏了半島戰爭，拿破崙只得退位，被流放到阿爾巴島。一年後，拿破崙逃離阿爾巴島回到法國，收拾舊部十二萬人，於 1815 年和威靈頓決戰於滑鐵盧，大敗，四天後退位，被流放到聖海倫娜島，1821 年去世。

＊榮譽勳章制為拿破崙於 1802 年所設立，榮譽大十字為一等；榮譽騎士為五等。

野奔跑，但不久（1827年），一家人又搬到了阿玻市。

阿玻市被侏儸山環抱，有大片的原野，和長滿青綠葡萄藤的葡萄園，這裡終於成了他們家族的定居地，不單是巴斯德童年成長的地方，更是他埋首於實驗室及事業有成後可以休息的家園。一家六口住在一個不算太大的房子裡，房子就蓋在染革池之上。這房子後來變成了博物館，藏有巴斯德的科學書籍、無數獎狀獎品及其他有紀念性的雜物。

巴斯德六歲上小學，那時還看不出他對科學有特別的喜好或天分，他反而對畫畫感興趣。他的作品特色是注重細節，描繪精微，他最好的作品都是以家人為主題。一幅母親畫像裡，母親平和的面龐和堅定果決的眼神，被認為是最忠實的描繪，他畫家人的粉彩畫仍留存至今。

他的人物畫取材很廣泛，朋友、木匠、修女、馬車夫、街頭老叟等都是他描繪的對象，讓他在街坊和學校間成了頗有名氣的小畫家。巴斯德這一類人物畫最大的特色是表情嚴肅、堅毅，少有笑容，似乎反映出他自己的內在和外表。事實上，至今我們自照片或畫像中所見的巴斯德，除了一幅有微笑之外，其餘皆是穩重平實和帶著堅定的神情。他的另一嗜好是釣魚，釣遍了住家附近的小溪小湖，甚至跟朋友逆流而上，尋找最佳的釣鱒魚之處，垂釣讓他有時間靜觀河畔的自然景色，以及沉浸在自己的內心世界裡。

晚上，一家人常圍著火爐話家常，父親因壯年退伍，感傷帝國的覆亡，常緬懷過去光榮的軍旅生涯，巴斯德和姐妹們最喜歡聽父親說戰場上的英勇故事，他

的愛國心就是在這個時候產生的。

童年的生活不見得全是無憂無慮的，八歲時發生的一件小事，留給巴斯德永難忘懷的記憶。一隻染上狂犬病的野狼衝出森林咬傷了幾個人，在那個年代，被咬到的人多半都會死亡，人們不知狂犬病的原理，只曉得想活命的唯一方法，是用燒紅的鐵棒來燙傷口，即使這樣也不見得百分之百的有效。當時被咬的幾個人被帶到巴斯德家附近的鐵匠鋪來，鋪門口擺著熱烘烘的火爐，上面插著燒紅的火棒，巴斯德目睹那恐怖的一幕，耳聞那痛苦的狂嚎，惻隱之心使他苦思：狂犬病是怎樣發生的？怎樣可以救治？從此，愛國心更擴展為愛人的胸懷。

稍微長大一點後，巴斯德的功課成績有了重大進步，特別在

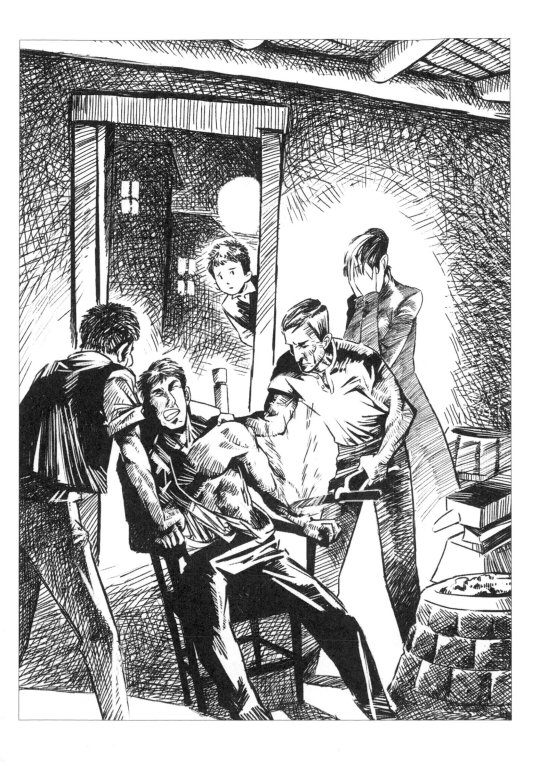

科學方面，十五歲時他就得了不少獎。巴斯德就讀於阿玻市的師範中學，校長羅曼力是父母的朋友，他注意到巴斯德是個小心謹慎和富有想像力的孩子，也許有人以為巴斯德有點遲緩，他卻認為巴斯德做事專注，對事物不到百分之百肯定不會輕易發言，他了解巴斯德的潛力。當他們兩人在郊野漫步的時候，羅曼力會不斷的用各種方法來啟發巴斯德，向他揭示外面的世界，並鼓勵他去考巴黎著名的大學——高等師範大學。

　　但這和巴斯德的父親對他的期盼有些出入。父親因憂國憂民而對歷史產生了興趣，認為教育才是復興法國的正途，便一直希望自己的子女能當老師，現在他的孩子初中畢了業，正好送他去附近大城讀書，然後回阿玻市教書。但受羅曼力影響的巴斯德已

一心嚮往巴黎的高等師範，幾經商議，做父親的也只好同意了。

不過，要把家裡的獨子送去學校就讀兼寄宿，對一個染革家庭來說並不是那麼容易，巴黎又有三百多公里之遠，父親心裡有點不放心。正好羅曼力知道在巴黎的拉丁區有一所大學預備學校（等於高中），校長不但是朋友更是同鄉，並常給同鄉學子優待。事情就這樣決定了。

1838 年 10 月，巴斯德和他的同學兩人一起搭上前往巴黎的馬車，與家人再三吻別之後便踏上旅途。那是一個陰雪天，路上滿是泥濘和融冰，當阿玻市的教堂在晨霧中漸漸隱去之際，巴斯德居然害起鄉愁來了。他們無心欣賞沿途的城鄉風光，反而沉浸在對故鄉山野的思念裡。兩天後，兩個未滿十六歲的男孩落腳在這個世界最繁華的城市，找到了學

校，住進了宿舍。第一晚，巴斯德躺在床上失眠了，腦中念著思鄉的詩句。

巴斯德瞪著天花板對好友嘆說：「讓我吸一口染革池的氣味吧！」可見這個內向、木訥的未來科學家的內心深處，實藏著一顆多感的心。校長察覺到這種情形，盡量想辦法開導巴斯德，可是沒什麼效果。他覺得有必要讓巴斯德的父母知道這個情況。一個月後的某天，巴斯德接到學校送來的字條，要他在特定的時間前往字條上的地點。等他到了約定的地點──街角的小咖啡室，竟看到一個人兩手托著臉，坐在最後一張小桌子旁，那正是他的父親。

「我來接你回去。」沒有多言，父子之間深深的互相了解。

再回阿玻市的巴斯德心裡有沒有失敗感呢？面對生命中第一

次挫敗，他的反應又是如何呢？我們可以從以後的發展來判斷。他重拾畫筆，畫了很多他認識的人的畫像，有校長、木匠、八十二歲的修女……他還到鄰近大城的大學先修班繼續學業，課業中最令他頭痛的是數學，為了克服這難題，他主動請求擔任數學的義務教師，逼著自己學習。學期結束時，他不但拿了數學第一名，還在拉丁文、物理及繪畫等科目取得優異的成績，可見他是一個不容易被打敗的人。一年後他順利取得文學文憑。不過因為他將來想到高等師範研究科學，他決定留在母校先取得科學的文憑。第二年，他得到教師助理的職位，享有免費食宿及領取少許薪水的待遇。他一面讀書一面工作，終於在 1842 年拿到科學文憑；幾天後，他以第十八名的優異成績通過了高等師範的入學考

試。

出乎眾人意料之外的是，他不滿意這個成績，決定先不入學，準備多念一年再考，由此可見他是如何的追求完美。但他要怎樣度過這一年呢？巴斯德覺得自己完全可以應付巴黎了。

重新踏上巴黎街頭，十九歲的巴斯德已經是個高大英俊的青年。他與最要好的同學薩培同行，再回到拉丁區的寄宿學校附近寄住。他輔導校內低年級學生的數學，用來抵免不少的住宿費，其它時間，他安排自己去聖路易預備學校選課。雖然他仍是高中生，但一有機會便到蘇邦學院＊聽化學教授仲馬的講課。仲馬的課是非常有名的，六七百人塞滿一個大廳，必須早半小時提

＊蘇邦學院　是巴黎大學中的一個學院，因為很有名而成為巴黎大學的象徵。

前入座。仲馬的講解深入淺出，不但吸引人，更具啟發性。後來，巴斯德因為幫了寄宿學校不少忙，學校甚至決定不再收他的費用了。

1843 年底，他在課業上有傲人的表現，物理學拿了第一名，另兩門課得特優，又在一項全國精英賽中得到第六名，更重要的是，他這次在高等師範的入學考中得到第四名的佳績！他很高興的回家一趟，並給寄宿學校的校長寫信，說自己願意在大學期間提供學校義務教學。校長知道後非常欣喜，並希望巴斯德不時保持聯繫。巴斯德認為現在的他已作了充分的準備，足以實現期望已久的夢想。

3 快樂的大學年代

　　1843 年 10 月，巴斯德迫不及待的來到高等師範，主修物理及化學，他比別人早到好幾天，並要求先住進空蕩蕩的宿舍，然後弄清楚上課時間，得知課業的安排之後，立刻拜訪寄宿學校校長，此後每逢週四，下課後他便前往寄宿學校義務教物理。他父親知道這件事後，寫了一封長信嘉許他，認為他這樣做不單是為了報答校長的一片好心，更為了以後更多的青年，也能得到同樣的照顧與關懷。

　　當時校舍的情況並不怎麼完善，部分圍牆甚至倒塌，實驗室也十分窄小，但巴斯德一點都不在意，他孜孜不倦的埋首在教室和實驗室，像一部機器般不停運作。

　　有時薩培會坐在實驗桌旁的高凳子上，以分析的眼光推敲這個內向、安靜、不苟言笑，但精力無窮的「機器」，和十年廿年後這機器與人類科學發展之間的關係。巴斯德常常不厭其煩的向薩培解說自己的工作。實驗室的工作有時包括學術之外的工作，如燒製玻璃棒、燒瓶，製造鎖及鎖匙，還有簡單的機械，巴斯德都因深感興趣而用心的去做，並讓薩培參與，工作結束後兩人再一同出去散步。

　　有一次，化學實驗提到磷的提煉，只有寥寥數語，巴斯德覺得不滿足，為了求真和獲取實際經驗，他去買了一大堆骨頭，把它們燒成灰，然後加入硫酸，再一步一步將磷提煉出來，共得六十克。他高高興興的將提煉出來的磷放在瓶中，再在外面標上一個大大的「磷」字。可見巴斯德

有多麼的實事求是。

　　即使生活忙碌，巴斯德也沒有忘記他對別人的承諾。除了寄宿學校的義務教學，家鄉師範中學的羅曼力校長也常常請巴斯德回去演講，並幫忙採購圖書及教學用品。巴斯德也會寫信將自己的生活狀況與課業細節與家人分享，父親雖然對兒子的學業所知不多，但也熱心參與，常提出自己的意見，更多時候是給兒子嘉勉。

　　在大學裡，巴斯德主修化學，最大的樂趣是聽仲馬的化學課，只要一有空，他便去仲馬的實驗室跟仲馬的助手做實驗。仲馬啟發了巴斯德對化學的興趣，他的思維、做實驗的方法，以及對學問的態度，影響了巴斯德一生。四年的大學生活在繁忙的學習及實驗中接近尾聲，在得到學位之前，巴斯德必須通過資格考

試。 1846 年，巴斯德以高分通過資格考試，得到學位，尤其物理一門得到第三名；一年後，巴斯德取得了科學博士的學位。

因為對化學的嚮往，巴斯德毅然接受了老師巴納的邀約，擔任巴納的助理，一來可以專心研究化學，二來可免於被當局調到偏遠地方教書。也就是在巴納的實驗室裡，他有了研究生涯中第一個重大發現——雷森默克酸的「兩種不同晶體」，從而開啟了結晶學中重要的一扇窗。

1848 年 2 月，法國爆發了「二月革命」*，巴斯德即時參加了屬於民眾的護國軍，投入了革命的洪流。當時巴黎革命行動

放大鏡

*拿破崙被逐後，雖然軍方屬意拿破崙之子（拿破崙二世）即位，但最後路易十八被推上臺，法國又回到君主立憲制。之後路易·菲列登位，經濟衰退，霍亂流行，到 1847 年間經濟情況更壞，終於引發了 1848 年的二月革命，革命政府成立，第二共和開始。

沸騰，他自駐紮地奧爾良車站寫信回家：

⋯⋯ 我很高興此時身在巴黎，一個很高尚的主義正在我們的眼前播展開來 ⋯⋯ 我將全心全力為共和的使命而戰。

革命結束後，巴斯德回學校跟著巴納繼續做研究。

5月，母親去世了，巴斯德悲痛萬分，認為母親的去世，是因為過於擔心自己在革命行動中的安危所致，於是他馬上離開巴黎回家奔喪。

回想起來，才不過五個月前，母親好像已預感到什麼，在給他的賀年信信尾寫道:「 ⋯⋯ 不管發生什麼事情，都不要悲傷，人生不過是一頭怪獸，再見，我的兒子。」也許母親體會到兒子才開始工作，馬上又加入了革命的

行列，為了不讓兒子擔心，才對自身狀況輕描淡寫，但最終還是讓那不可抗拒的怪獸吞噬了生命。母親的去世使巴斯德一連幾個星期都無法正常工作。

回到巴黎後，巴斯德馬上就在畢奧面前做那個重要的實驗，證明晶體的結構影響旋光性，這是巴斯德對自然科學的一大貢獻，也讓畢奧大大的驚奇、讚賞！

畢奧愛才，聯合仲馬、巴納等人，一同建議科學研究所給予巴斯德的論文最高的評價。這樣的際遇，對熱愛科學的巴斯德來說真是一大鼓舞。

當時法國的國勢已不像路易十四、路易十六及拿破崙時代般的強盛，巴黎已不是世界文化與學術的中心，大學的研究室與設備更是老舊不堪，不再是別國美慕的對象，科學家只能分到陰暗

的地下室或狹窄的閣樓＊，但對巴斯德來說，只要能夠繼續做研究就是人生的最大願望。可是因為他已經畢業了，暑假後他將會被分派到學校去教書，無論巴納如何苦心幹旋，畢奧如何利用影響力，最終只能讓他完成巴納和畢奧合作的實驗。11月初，他被分派到迪贊市去教書，這讓畢奧感到十分傷心。

迪贊市離家雖然只有八十公里，但對巴斯德這個科學研究心重又是初生之犢的青年來說，一下子被調派出去，離開他敬重的大師們以及濃厚的科學研究氣氛，又不能做研究，這樣的打擊是不言而喻的。

巴斯德到迪贊高中教一二年

＊即使是像仲馬這麼有名的人，在蘇邦也只能分到一個極不衛生的小空間，後來仲馬的岳父給他一間小屋，他自費將它改為實驗室。

級的學生，雖然不是志願任教，但總覺得教育是個崇高的任務；他的責任感使他全心投入教職，如果在教材的準備上沒有花很多時間和精力，他就會感到愧歉。他比較喜歡二年級的班級，因為二年級有不少聰明的學生，且每個都很用功。至於一年級的班級，他就非常擔心，「一年級是八十人的大班，」他寫信給薩培時提到:「我一籌莫展，為何他們不能限制人數到五十人啊？我不能確保每個人都能專心受教。」

　　因此，巴斯德也鍥而不捨的繼續申請更換工作。雖然曾經失敗，但終於被分發到史特拉斯堡大學當化學教授並研究晶體。史特拉斯堡遠處法國東北角，和普魯士接壤，離家甚遠，但是能重回實驗室，對他而言比什麼都重要！這個瑰麗的遠景使他如添了翅膀般一路飛到史特拉斯堡。

 **該出手時便出手**

　　1849 年 1 月 15 日，巴斯德來到史特拉斯堡上任，在這裡迎接巴斯德的，不但是美好的研究前景，更有出乎意料的驚喜，在到任一個月內發生的一件事，影響了巴斯德的一生。

　　「先生，我誠心向您提出一個提議，這提議對我及對您的家庭極為重要，我覺得有義務向您作一些表白。我父親是個阿玻小城山區的染革匠，母親剛過世……我的家庭並不富有，而且我早就決定將我該得的一份家產，給予照顧父親的妹妹們，所以我真的是一文不名。我擁有的只是健康的身體、勇氣、教職……我父親將會親自到這裡來，為我向您提這個婚事……附帶說明：我剛滿二十六歲。」

　　收信人是史特拉斯堡大學的校長羅蘭，提親的對象是他的女兒，芳齡二十二歲的瑪莉，時間是2月10日，巴斯德新來乍到的第二十七天。誰會料到一向行事謹慎、絕不莽闖的巴斯德，會做出如此令人驚訝的事？

　　羅蘭先生在教育界行事能力高，曾經使不少學校起死回生，又以他的仁厚和誠懇，解決了學校與地方間的很多衝突，他接任校長新職不久後，家裡便成為同事們交誼的中心。巴斯德第一次造訪就被這個家庭的祥和氣氛吸引，羅蘭夫人雖然安靜低調，但她所散發的慈祥與關懷的溫情，令人有賓至如歸的感受，兩個女兒更使家裡充滿青春的活力。瑪莉個性活潑聰慧，樂觀又仁慈，巴斯德似乎從她身上看到母親的影子，他對瑪莉只能用一見鍾情來解釋。羅蘭家也對巴斯德這位

年輕人中肯的談吐及成熟穩重的態度很有好感，更被他對工作的熱忱所感動。但可能因為巴斯德的靦腆給人疏離的感覺，再加上他的謹言慎行使人誤以為他為人冷峻，因此提親的事久久沒有得到答覆。巴斯德忍耐不住了，給羅蘭夫人去信，並首次給瑪莉寫信。到了5月29日，巴斯德終於如願與瑪莉結為夫妻。傳說婚禮當天早上，巴斯德仍到實驗室工作，由於太專注，經朋友提醒才趕去教堂呢！

兩人的婚姻在普魯士西南部的巴登地區揭開序幕，那裡是多瑙河的源頭，景色優美宜人，他們的蜜月就是在此處度過。這段美好的姻緣維持了四十六年，這完全歸功於瑪莉的默默支持，因為她理解丈夫對科學的熱情與奉獻，因而願意盡全力輔助他。在史特拉斯堡的五年裡，瑪莉生了

三個小孩，巴斯德也非常體貼，半夜會起來幫孩子換尿布。

　　巴斯德在史特拉斯堡的日子非常快樂，除了有一個美滿的家庭之外，教學和研究工作都很順利，而且得到學校和同事的支持，沒有敵人。

　　1852 年，巴斯德對晶體的發現和理論得到更廣泛的認可，這時法蘭西研究院的通用物理部門有一個院士空缺，他在不滿三十歲時被提名為物理院士，但被畢奧介的畢奧反對，畢奧說巴斯德的成就是屬於化學而非物理。畢奧以懇執的態度寫信給巴斯德：

　　……你在化學方面的成就是前所未有的新發現，是一流的；在物理方面你只是應用已經存在的方法……不要輕聽別人的話，這些話會使你企求，甚至使你妄求，妄求不屬於你的東

西……想想你這四年來的成就在人們心目中所建立起的珍貴形象，這形象不會隨著提名和選票的多寡而起舞……請相信我是因為能夠勤奮工作而願意活著。

巴斯德誠心接受這位老師和摯友的意見，甚至去信給身為院士的仲馬說，即使在化學部門有空缺也不考慮申請。這封信引起了主管這件事的仲馬激動的反應，一向沉穩慎言的仲馬給巴斯德一封熱烈又真誠的回函：

……你以為我們對你為法國化學帶來的光榮一無所知？自我踏入行政部門的第一天，我就要給你「榮譽大十字勳章」，我早就該得到親自將獎章交給你的滿足。我不知道為何提名發生困難和延宕，但我看到你

信上建議把化學的空位留給別人時，我的血液就沸騰了……你把我們的判斷能力低估了……當空位出現，你就應該被提名被選上，這全是為了正義，為了科學……你是科學最穩實的支柱之一，也是最光榮的希望之一。

巴斯德將這封信寄回家，謙虛的認為仲馬對他過度稱讚了。

作為一位教授及科學研究者，巴斯德在史特拉斯堡的生活並不如一般人所想像的呆板和單調，相反的，卻是充滿了驚奇。多年來，他一直想由酒石酸製造出雷森默克酸，一個插手大自然的嘗試，但始終沒有成功。有一年的暑假他自偏遠的東北到巴黎來，似乎是例行的年度「進城」，畢奧給了他一個大驚喜。當時，兩位普魯士科學家正好來

巴黎答謝科學研究所選他們為外國同袍，並希望能認識巴斯德。其中一位就和畢奧一樣，是專研酒石酸，並且發現雷森默克酸不具旋光性的人。他們帶來了一個消息，說在普魯士有一間酒廠分離出少許的雷森默克酸。不料，這個小小的消息使巴斯德如瘋子一般，幾乎在三個星期內周遊了列國。

早在 1820 年，就有人在釀酒時分離出這個酸，但之後再也沒有人能有這種運氣。所有的科學家都疑惑：這物質在何種情形下生成？怎樣的情況會使它消失？為何那麼稀有而且神出鬼沒？這一連串的問號，都是科學界感興趣的，也是釀酒業亟需解決的難題。巴黎的藥物學會甚至提供獎金，給能用科學的方法（如材料的分量、溫度、時間、程序等等）製造並分離出這個物質的

人。巴斯德以他科學的敏銳觸角，心裡已有一些假設，他一直都認為，當時的化學知識和技術仍未達到這個地步，他很想親自去尋根問柢。因此他央求畢奧和仲馬用科學研究所之名派他負責這個任務，不料，卻被繁複的申請手續所阻撓，於是他決定直接寫信給當時的總統（第二共和的路易‧拿破崙），說法國應該讓她的子民有解答這神祕物質的光榮。仲馬答應幫他籌經費，畢奧則願意先替他支付旅費，但巴斯德等不及了，便獨自出發前往普魯士。

　　普魯士一直是法國科學家嚮往的地方，也是巴斯德夢想一遊的去處，當他來到萊比錫後，便直接到酒廠裡去，並向大學借用實驗室，但這個酒廠並不如傳言般能製造雷森默克酸，原因是生產酒的母液已經過處理，失去了

雷森默克酸，這使他非常失望。後來，經由酒廠的推介，巴斯德又跑了幾個普魯士的城市，也都不如傳說所言能合成雷森默克酸。之後，巴斯德又去了維也納、布拉格等地，一路追蹤。

在布拉格，希望之門為他大開。他帶了介紹信去找一家酒廠的化學家賴斯曼，賴斯曼連介紹信也不看，二話不說的便表示他一直都能分離出雷森默克酸，他說：「……我是利用酒石酸製造出雷森默克酸的，而且數量不少。」巴斯德熱情的握著賴斯曼的手要他再重說一遍，然後鄭重的對他說：「你已經成就了不可能的發現，也許你還不知道這發現的重要性，但容許我告訴你，我一直以為這是不可能的事。我已迫不及待的等著你的發表！那麼，你把一公斤的酒石酸丟進去就能得出雷森默克酸來，這是真的嗎？」

「這是真的，」賴斯曼說：「但是……」

「但極端困難？」巴斯德接著說。

「是，先生，而且母液都丟棄了。」

巴斯德明白了，賴斯曼只是碰巧從釀酒的母液中分離出雷森默克酸而已，這是任何人都可能碰到的機會。這是一個大笑話，這位經推介而來的賴斯曼先生，對整件事情的認知和巴斯德的認知有如此大的差距。但伴隨失望而來的感覺是釋懷，因為如此一來，法國仍有機會獲得探究這個神祕物質的光榮！

從這個例子我們可以看出巴斯德是個多麼實事求是的人，凡事追根究柢，更可看出他是多麼謙虛的人，他早有預感這件事有多麼不容易，但當他的想法被推翻時，他仍由衷的恭喜對方。

關於巴斯德這次倉促的旅行，有一份一直追蹤報導這件事的刊物這樣寫道：「……從來沒有一次尋寶之旅比這個登山下谷的追尋更費力。」雖然此次巴斯德算是無功而返，但揭開雷森默克酸神祕面紗的任務，最後還是落在他的肩上。

回到法國後，巴斯德更是快馬加鞭的嘗試製作雷森默克酸。他長久以來都被晶體的不對稱所吸引，總在心中思考著：是什麼力量在晶體形成中，決定了分子的左右結構？是大自然的神祕力量嗎？他耐心觀察各種不對稱晶體的結晶過程，終於使他悟出了其中的奧妙，製成了雷森默克酸。

1853 年 6 月 1 日，巴斯德在給父親的信中說道：「親愛的父親，我剛才拍給畢奧一份電報，告訴他我已成功的把酒石酸轉合

成雷森默克酸，並請他轉告仲馬和那二位普魯士科學家。我已完成了我一直以為不可能的事，這發現將帶來無法計算的重要結果。」就這樣，巴斯德從發現酒石酸和雷森默克酸的關係、旋光性的祕密（物理學的成就），到雷森默克酸的合成（化學成就），成就了一系列完整的研究。兩天後，也就是 6 月 3 日，科學研究所全天的會程都在表揚巴斯德的貢獻。

5 微生物學的誕生

　　研究事業正處於平穩成長階段的巴斯德，1854年9月開學的時候，已是里爾大學的化學教授和科學主任了。里爾在巴黎正北方約二百公里處，是鄰近比利時邊界的工業大城，巴斯德一家自史特拉斯堡搬去。他非常喜歡這個新職位，關心年輕人科學教育的他，對學校的一個規則非常贊同，就是學生每年只需繳交低廉的費用，就可以在實驗室親自動手做實驗。

　　在里爾市，人們對應用科學很重視，於是巴斯德不忘在演講中提醒大家，應該也對理論科學投以關注，如果只重實用而忽略理論，就會變得短視，失去發明和創新的動力。他舉富蘭克林放風箏做與雷電有關的實驗為例，

當人們問實驗到底有什麼用，富蘭克林說：「你們等於在問我一個新生的小嬰孩有什麼用。」又提到丹麥物理學家在一根銅線通電時，偶然發覺附近一根磁針變動了指向，就是這一點點靈機，電報通訊就發明了。他的演講永遠吸引龐大的聽眾。而巴斯德的名言：「機會總是留給有準備的心靈。」也總是激勵著所有的人。

　　當時不少學院派的人士主張純理論的科學研究，但巴斯德認為大學的研究能和工業結合，理論和實用交互支持，才是對社會和國家最有貢獻的組合。他常對學生的家長說，如果你將馬鈴薯交到年輕人手上，讓他們親身體驗由馬鈴薯得到糖，再從糖經發酵得到酒精，最後變成醋，這個過程將會對他們產生多大的啟發！所以巴斯德對學生和社會人士傳遞的信息，就是理論與實用

並重，他一生的成就也突顯了這一點。

當時，里爾市的釀造業非常發達，尤其在釀酒方面，更是蓬勃發展。有一天，一位學生的家長來訪，他擁有一個釀酒廠，主要是利用甜菜的汁液發酵成為酒（葡萄、烏梅、高粱、米等都含有糖分或澱粉，也適合釀酒），但在釀造過程中卻常常發生一些問題。在那個年代，人們不知道酵母菌和發酵的關係，巴斯德雖然對發酵和酵母菌完全外行，但基於興趣和責任感，他常常出入這個家長的酒廠。巴斯德取回一些甜菜汁在顯微鏡＊下觀察，並將所見詳細描繪下來，因而對發酵產生了濃厚的興趣。

就是這個興趣在他腦中發酵，把他從一個化學家釀成一個微生物學家，而且是最偉大的微生物學家。

雖然早在 1830 年時，普魯士一名科學家已提示活酵母菌是引起發酵的因子，同時期的人在研究啤酒發酵時也發表過同樣的見解，但大多數科學家都不以為然，認為發酵和酵母菌的生長無關。普魯士化學家李比更認為，是酵母菌死亡後所釋放的有機物質腐敗，經過變化才引起發酵的。

巴斯德對發酵的研究並沒有從酵母菌開始，反而先從酸奶的發酵著手，由於酸奶是牛奶中的乳糖因發酵產生乳酸所致，只需

放大鏡

＊顯微鏡的出現始自 17 世紀的歐洲，在這之前，人類早就注意到，不平的玻璃背後的東西會變形，例如玻璃魚缸後面的東西會變大。1 世紀時，有人利用這個原理做成放大鏡（一片凸透鏡），幫助人們閱讀細小的文字。

1612 年，伽利略利用一片凸透鏡和一片凹透鏡製造出更好的顯微鏡來。以研磨玻璃為嗜好的荷蘭人李文浩克能磨出具有高解析度的鏡片，在 1674 年看到了游走的原蟲，1676 年更看到了比原蟲還小的細菌。顯微鏡和望遠鏡都是利用不同鏡片的組合，讓人看到肉眼所看不到的微小世界或遙遠的天地，擴展了人類的視野。

兩三天的功夫，比釀酒節省很多時間，研究起來就容易得多。

巴斯德每天觀察酸奶發酵的過程，仔細記錄和描繪，發現有一些比酵母菌還小的物體，一堆堆埋藏在灰色的泡沫裡，這些極微細的物體逃過了所有科學家的眼睛，但終究還是被巴斯德逮著了。

他把這些含有微細物體的灰色泡沫分離出來，然後撒在牛奶裡，結果他發現牛奶開始進行發酵了！於是他得到這樣的結論：微細的物體就是發酵的因子。這種因子就像啤酒中的酵母菌一樣，能夠生長、能夠發芽、更能分裂，但當時的科學界都不予認同。＊巴斯德所發現的小小發酵

放大鏡 ＊自從 1676 年荷蘭人李文浩克發明顯微鏡並描述牙垢中的細菌後，很少人注意到這類微細的東西，直到二百年後才由巴斯德再度提起，人們當然不容易接受。

因子，其實就是比酵母菌小很多的細菌＊。

1857 年 8 月，巴斯德就乳酸發表了一篇劃時代的報告，認為：第一，微生物的生長才是發酵的原因；第二，不同的微生物引起不同的發酵，例如酒精和牛奶的發酵是由不同的微生物所引起的。這份報告直到現在都還被認為是生物科學的里程碑。巴斯德引進了「微生物論」，成為微生物學的創始人。

從此，自然界中許多現象得到了解釋，尤其在醫學上得益更大，但在當時來說，認同的少，

＊微生物學的範圍涵括五大類：

1. 細菌：如無害的腐草菌、對農作物有用的根瘤菌、發酵的乳酸菌、引起疾病的霍亂弧菌、葡萄球菌、鏈球菌等。
2. 真菌：如酵母菌、盤尼西林菌、蘑菇、木耳等。
3. 原蟲：如瘧疾原蟲、阿米巴原蟲等。
4. 病毒：如狂犬病毒、感冒病毒、愛滋病毒等。
5. 部分藻類。

反對的多。巴斯德沒有把這樣重要的一篇報告如往常一樣送到科學院去發表，只發表在當地的里爾科學會，原因是當時他的母校高等師範境況非常可憐，經費不足，建築破敗，新校長要大力整頓，邀他做行政長及負責科學研究，他因為這樣一來就得背棄里爾大學的責任而感到為難。幾經考慮，巴斯德覺得里爾大學已經上了軌道，他的努力有了成果，不應戀棧。而現在最需要他的是母校，所以他才選了里爾來發表這份重要的報告，以紓解內心的壓力。里爾大學在歡送詞裡這樣說：「我們學校失去了一位頂尖的教授和科學家。」

1857 年 10 月，巴斯德回到母校高等師範，幾乎一切都得從頭做起。實驗室只是兩個小小的閣樓，部分儀器必須放置於樓梯腳下，而且得要爬著進出；沒有幫

手，凡事都得自己來。所謂「主管行政」就是連衛生、財務、伙食都要照顧，像是操場要灑沙、教室的通風問題、門窗的修繕等等。雖然這些雜事占去了巴斯德很多的時間，畢奧也替他抱不平，但他不以為忤，事無大小全高高興興的去做。同年12月，他又發表了關於酒精發酵的論文。他向好友薩培描述他的工作，並說他已習慣了閣樓，習慣了夏天攝氏三十六度的悶熱。

　　1859年9月，大女兒珍妮得了傷寒，在家鄉阿坡市去世，巴斯德傷心欲絕。1860年初，巴斯德得到伯爾納的推薦，獲頒科學研究所的生理實驗獎，表揚他在酒精、乳酸、酒石酸發酵方面的研究成果。

6 自然發生論

　　巴斯德那篇關於乳酸的報告，引發了微生物論，讓自然界許多現象得到了解釋。但在巴斯德之前，人們相信有些生物是可以「無中生有」的。例如，歐洲在 17 世紀的時候有過一個「製造」老鼠的妙方，叫作「范豪爾曼」配方：

　材料：一件髒內衣，一把麥
　　　　殼，一個大口缸。
　方法：將髒內衣和麥殼混合，
　　　　置於缸內二十一天。

　　人們相信在這二十一天中，內衣的汗汁和麥殼會起化學作用而生出老鼠。至於製造蒼蠅的方法是把肉掛在鉤上幾天，蒼蠅便能自然產生。同樣的，把溼的麥

程堆在牆角，螢火蟲便會應運而生，和中國古時候「腐草為螢」的說法相同。人們也發覺每當河流氾濫，河岸沖來一層泥土，沒多久青蛙便自土中冒出。這些就是「自然發生論」的成因。

從西元前 4 世紀的亞里斯多德開始，人們及科學家相信簡單的生物皆來自無生命的物質，不似高等生物需要上一代的生殖行為。巴斯德對微生物的研究，最後使他成為自然發生論的終結者，其中的過程是相當有趣的。

義大利醫生雷迪於 1668 年做了一個實驗（很多人認為這是第一個真正的科學實驗）：觀察肉腐成蛆中，蛆從哪裡來的？他的假設是蛆不來自腐肉，只有蒼蠅可以產生蛆，所以一塊置於密封瓶內的肉不會產生蛆。接著他在三組廣口瓶內放進肉塊，第一組在瓶口加上蓋子，另一組覆上紗

布，最後一組是最重要的「對照組」，沒有加蓋任何東西。幾天後的結果是，對照組常見蒼蠅進出，肉上長出蛆蟲來；有蓋子的一組沒有蛆的跡象；蓋上紗布的那組肉起先完好如初，但紗布上頭長出蛆蟲來，再過一些時日才有少數的蛆蟲出現在肉上。他的結論是蒼蠅在紗布上產卵，少數卵經過紗布掉到肉上，故此只有蒼蠅能生出蛆。雷迪由觀察而產生問題，再提出假設，並用實驗來求證的程序是合乎科學的。

這個結論似乎已經把自然發生論置之死地，但隨著 17 世紀以後顯微鏡的繼續改良，人們可以看到肉眼所看不到的東西，觀念又開始改變。譬如發霉的真菌、發酵的酵母菌、細菌等，它們從何而來？它們好像就從麵包、肉湯上長出來一樣，似乎並不需要有上一代，而是自然發生的。就

這樣，在低等動物層次被打敗了的自然發生論，在更低一層的微生物界又復活了。

蘇格蘭神職人員及自然學家李丹在 1745 至 1748 年間做了一個簡單的實驗，他把幾碗湯放置在室內不加掩蓋，各種細菌便開始繁殖，他的結論是，在所有「無機」物質（如空氣和氧氣）的分子裡頭，實存在著一種「生命力」，因而導致自然發生的現象。他甚至藉由把湯煮沸（殺死生命力），然後倒進「乾淨」的瓶子裡*再塞上木塞，細菌仍然生長的「事實」，來證明自己的論點。

幾年後（1765～1767 年），義大利神

*這種示範在當時可以說得過去，但以現今的微生物知識而言是太幼稚了。所謂「乾淨」的瓶子和木塞，其實只是用水洗乾淨而已，水和瓶子或木塞本身都帶有無數的細菌，而且在操作的過程中，空氣裡的灰塵帶有細菌的因素也要考慮進去。因此李丹的實驗所獲得的結論並不正確。

父和生物學家史普蘭堅尼重做李
丹的實驗並加上一些改良。他把
湯煮沸一小時，然後將燒瓶口燒
熔把湯封存在瓶內，其後證明湯
完全長不出任何生物。他另外又
將湯只煮沸幾分鐘，燒熔封口，
發現細菌會在湯裡生長。接著他
又將一批湯如先前一樣煮沸一小
時，但用木塞塞著瓶口讓空氣可
進入瓶內，細菌因而滋生。他的
結論是，敗壞的湯是由於細菌的
進入，並非因什麼「生命力」的
存在，他反對自然發生論。

他的理論受到李丹的強力反
駁，李丹說史普蘭堅尼實驗的第
一部分中，持續一小時的高溫破
壞了生命力，空氣又不能進入並
帶進新的生命力；而最後一部分
是木塞阻擋不了生命力的進入，
生命乃能重新滋長，肉湯因此敗
壞。從我們現在的眼光來看，他
們爭論的焦點其實是空氣帶入的

是無形的生命力或有形的細菌而已。

另一位科學家波賽也支持自然發生論，並把這場爭論帶到最高峰。波賽甚至認為空氣中不可能存在著細菌，否則空氣會濃厚得像鉛，而當時的輿論也多支持波賽的看法。

巴黎科學界全籠罩在熱烈的爭論氣氛裡，科學研究所提供二千五百法郎獎金，給任何能提出強而有力的證據來支持或反對自然發生論的人。巴斯德秉持著科學上求真的精神，一心想把這個紛擾多年的問題求出一個真正的解答。

巴斯德雖然不是一位生物學家，但因為對發酵的觀察，一直覺得自然界中很多現象皆是微生物的傑作。他更認為空氣污濁的地方含菌量比高山的空氣多。為了證明這項假設，他準備了一大

批玻璃燒瓶，每瓶裝入二百五十毫升的培養液＊，煮沸殺菌，瓶內的空氣也因高熱而被逐出，然後將瓶口燒熔密封，保持無菌狀態。他把瓶子帶到不同的地方去，把瓶頸打破讓外面的空氣進入，再將瓶頸燒熔封住，帶回實驗室培養。他收集空氣的地方包括巴黎天文臺的地下室、家鄉阿玻市自家染革廠附近，以及往杜爾城的路上。

天文臺地下室很少人進入，空氣不太流通且沒有灰塵，瓶子很少長出東西來；染革廠附近取的樣品就沒那麼乾淨了；往杜爾城路上的樣品因車輛揚起的灰塵，幾乎都長出細菌來。他更進一步來到阿爾卑斯山區，雇了嚮導，帶了騾子，小心翼翼的將三十三個瓶子帶上山去，打破瓶頸

放大鏡　　＊所謂的培養液就是可以讓細菌生長的肉汁。

取樣。但當他要封口的時候風太大了，用以封口的小酒精燈焰很難瞄準，帶回小旅店的十三個廣口瓶內，當然就混有路上的灰塵及店內的空氣。為了拯救剩餘的實驗，他派嚮導下山去將酒精燈改良，自己則在第二天帶著剩餘的二十個瓶子，於一條冰河上完成了實驗。事後的結果證明了巴斯德的假設，前一天的十三個瓶子全長出了細菌，然而第二天的二十個瓶子中除了一個，其餘十九個完好如初。他說，如果空氣中真有所謂的生命力的話，所有打開過的瓶子都應該長出細菌來。

同一時間，波賽和他的兩個死黨左尼和繆沙也忙著東奔西跑，他們的理論是，空氣是生命的來源，無論來自人口眾多的城市或高山大海的清新空氣都含有等量的微生物。他們上山下海採

集空氣樣本，地點包括西西里的平原、大海、高山。

　　他們上山採集空氣樣本的故事可說是一個百分之百的滑稽戲碼！一行人帶著幾個嚮導、糧食，和一大堆的長頸玻璃瓶經過一些山口，引來一些看熱鬧的山地居民，為了保持樣本的純淨，他們必須排開眾人和嚮導，在晚上八時開瓶取樣。那地方是海拔二千零八十三公尺，比巴斯德的取樣地點高，他們認為如此才能表示生命力無處不在，不受地方清潔與否的影響。但他們並不以此為滿足，想更上一層樓，三個人拖著疲乏的身體和冷得紅腫的鼻子，冒著嚴寒過了一夜，第二天一早，跌跌碰碰的爬上崎嶇的岩石來到大冰河腳下，那兒的海拔有三千公尺。在取得四瓶空氣樣本後，他們便高高興興的下山了。途中，左尼滑了一跤，要不

是嚮導及時拉了他一把，左尼很可能滾下山，成了為科學犧牲的烈士了。空氣和瓶裡的培養液經過培養之後全都長出了細菌，波賽於是興高采烈的宣布:「……山上潔淨的空氣以及所有高山的空氣，都能滋生新生命，並不需要有上一代的存在，只要給予有機物質，自然發生論的確存在。」

　　波賽的四個瓶子全都長出細菌來，只證明他們採集空氣樣品的技術太差，或是手腳太髒。高山空氣當然存在著細菌，以巴斯德的仔細，二十個瓶子中只有一個長出細菌來，這一個污染可能來自空氣中的懸浮物上所帶的細菌，是巴斯德要證明的，也可能是操作過程中來自儀器或手腳上的細菌。但波賽的四個樣品全部長菌，證明大部分樣品都受到污染了，而非自然發生的。

7 自然發生論的終結者

　　自然發生論經過科學家上山下海、紛亂不斷的辯證，最後引發出巴斯德決定性的一擊，就是著名的鵝頸瓶實驗。這個實驗應可和伽利略在比薩斜塔做重力加速度的實驗齊名。

　　鵝頸瓶的觀念來自巴斯德的化學老師巴納，但巴斯德使它成名。為了讓對手心服口服，他們的實驗必須無懈可擊。經過對正反雙方的論點重新檢討後，巴斯德與巴納兩人都知道，癥結在於證明空氣中存在的是無形的生命力還是有形的微生物。兩人經常切磋討論，巴斯德覺得巴納的設計非常妥當，當即自己著手燒製。

　　鵝頸瓶是一個脖子很長的瓶子，將長管子一樣的脖子燒軟，

彎下來像橫放的 S 型，再將培養液注入，煮沸後天天觀察有無微生物的生長。如巴斯德所料的，這種儀器可讓空氣自由進出（沒有阻斷所謂生命力的重新進入），但外界的灰塵和所夾帶的微生物經過鵝頸下彎的一段就會沉積下來，所以瓶內的液體永遠處在無菌狀態，不會腐敗。這一部分的示範足可證明空氣中沒有所謂的生命力，然而反對者可以說，這是因為煮沸過的培養液已不能支持生命力的生長。為了證明液體在高溫後仍能支持微生物的生長，巴斯德把鵝頸瓶傾斜，讓液體流到塵埃和微生物聚積的下彎部位，再將液體倒流回瓶中。於是微生物開始生長，培養液變得混濁。

結論是在生命力可以自由進入的情況下，培養液仍保持新鮮不敗，沒有育出生命，否定了波

賽的理論；一直到接觸了鵝頸瓶下彎處的灰塵，生命才出現。這麼簡單卻強而有力的示範，給予自然發生論致命的打擊。科學研究所於是把獎金給了巴斯德。

19世紀的歐洲正是科學蓬勃發展的時候，社會大眾對新鮮的觀念感到興趣，而且樂於接受，熱熱鬧鬧的爭論甚至吸引了皇室的注意。拿破崙三世*對巴斯德從小小實驗室不時傳出突破性發現的消息，心懷喜悅，想要接見這位年方四十歲的科學家。1863年，巴斯德由仲馬引介覲見，拿破崙三世以極其禮貌而帶點理想

*路易‧拿破崙在第二共和時（1848年）執政，因憲法規定不得連任，乃命令軍隊取得政權，於是第二共和消失，第二帝國誕生，稱為拿破崙三世。他開始強勢統治，以英國工業革命為楷模，勵精圖治，發展工業和經濟，將巴黎的街道加寬，廣建公園，修築下水道，讓住家有清水可用，使巴黎成為世界上最先進的城市之一。1854年克里米亞戰爭之後，法國在世界上的影響力大增，不僅準備開挖蘇伊士運河，1855年及1867年兩次世界博覽會也都在巴黎舉行，國勢如日中天。

性的態度，向巴斯德提問各種問題，巴斯德都一一為他解答；拿破崙三世又痛惜酒的變酸變壞使法國每年蒙受極大的損失，希望巴斯德能解決這個難題。

巴斯德事後寫道:「我向陛下保證我有發掘物質腐敗和傳染病成因的雄心。」由這一句話我們可以窺見到，一個影響深遠的觀念已在巴斯德心中萌芽，他已延伸微生物論，開始懷疑微生物是傳染病的黑手。

回到酒變酸的問題來，巴斯德和助手們著手追尋答案，得知酒的變酸也是細菌作祟，是細菌將酒精氧化為醋酸的結果。那麼要怎樣才能消滅這種細菌？用殺菌劑？行不通，酒味酒質會完全被破壞！用熱？他們花了很多時間嘗試不同的溫度，發現將酒加溫到攝氏五十至六十度之間幾分鐘，細菌便會被殺死，又不影響

酒的色、香、味。巴斯德和同事們對這個發現滿意極了。

但是，法國有最好的酒，當然就有最挑剔的品酒專家。這種「煮」過的酒對品酒專家來說是大不敬，況且他們認為這種酒一定不會隨著時間而慢慢變醇。於是，一個酒的「選美」活動便組織起來了。但這選美並非一席視覺的饗宴，評審員蒙著眼睛品嚐各種煮過和未煮過的紅酒、白酒，結果不分上下。他們還將酒送上遠洋帆船十個月，另一批送上船環遊世界一周，結果仍是不分勝負！煮過和未煮過的酒，都能隨著時間而醇化。這種低溫消毒的方法不但對酒行得通，對牛奶、乳酪、蘇打及各種飲料和食物也都適合。這是食品工業的大革命，從此，「低溫消毒」＊成了家喻戶曉的名詞。有人勸巴斯德申請專利，不但可以馬上成為

千萬富翁，養兒育女的重擔得以解決，研究發明的經費從此也不用愁了。巴斯德和瑪莉秉燭夜談了好幾個深夜，決定放棄這作法，因為得到專利的是全世界！

獎金也好，皇帝召見也好，專利也好，科學界能夠給予自然發生論最終的送別盛會，莫過於1864年4月7日的一場演講，地點在巴黎大學的蘇邦學院。面對濟濟一堂的教授、學生、科學界人士，還有社會中的知識分子，巴斯德帶給他們的，不是茶餘飯後的話題，而是觀念上的一次震撼。在體面的來賓眼前，這位蓬頭的「苦行僧」以其內在的堅

放大鏡 ──── ＊**低溫消毒**　1864年由巴斯德提倡，對牛奶、乳酪、酒、啤酒和蛋的消毒尤其合適，能夠殺死大部分有害的細菌，又不影響食物的色香味，延長保鮮期，是食品界的一大革命。低溫消毒有兩種，其一是用62.8°C的蒸氣或熱水消毒三十分鐘；其二是用71.7°C的蒸氣或熱水消毒十五分鐘。至於我們熟知的高溫消毒是於1795年由法國人Nicolas Appert發明。

定、自信而平穩的語氣，將古希臘以來自然發生論者的信仰推翻。

巴斯德說：「當今思想界面對的大問題是：人類到底是唯一或多元的？人類出現於一千年前或一千世紀前？物種是不變的或是演進的？物質是永恆的嗎？上帝是否存在？」＊巴斯德在來賓面前展示他的兩個鵝頸瓶，一個培養液完好如初，另一個接觸了鵝頸底部的灰塵，培養液已經腐敗並長出各種細菌來。就這樣，來賓除了接受螢火蟲是由上一代傳種而來的之外，微生物也不例外，

＊我們必須對 19 世紀的思想潮流有一些認識，才能理解巴斯德為何會如此說。巴斯德展開這場演說之前，達爾文早已陸續發表了關於物種的多元性的看法，他認為物種因生存競爭而演化，並不如人類長久以來所相信的，由上帝創造後便一成不變。1859 年，達爾文發表了《物種之起源》一書後，進化論更深入人心。人們相信人類不是唯一的，而是從猴子演化而來，只是進化過程的一個階段。可是巴斯德篤信《聖經·創世記》中所說的，上帝創造了人類和萬物，因此，他是反對達爾文的理論的。

必須由上一代繁衍而來，結論就是自然發生論不能成立。接著，他強調人類已看到了科學帶來的曙光，那就是人類可以用實驗的方法求得所有問題的答案，並透露自己已著手進行這方面的研究。

讓我們回過頭來看看，巴斯德自從回到巴黎，回到高等師範，直到在蘇邦發表演講的這七年裡，是他研究起飛的時期，也是成果豐碩的時期。他引進了微生物論並將此理論引申到廣大的自然界一切事物上。例如：動植物死亡後，其屍體由微生物分解回歸自然，再支持新的生物之生長，沒有微生物地球會聚積過多的死亡物質，自然界的循環便會受阻。他常說：「沒有微生物，死亡就不完全，生命也就不可能。」他還開始懷疑微生物是傳染病的始作俑者。

　　四十歲生日前，巴斯德終於被選為渴望已久的科學研究所院士，畢奧多年來的傾力奔走幫了很大的忙，我們可以說，使巴斯德成為同事、成為院士，是畢奧此生的最後一個願望。可惜這個願望在畢奧有生之年未能實現，他於十個月前離開人間，離開他熱愛的科學，拋下了這一段相距四十八歲的友情。

　　當初巴斯德不聽畢奧和仲馬的苦口相勸，要他別墜入自然發生論的深淵，他卻毅然的走上這條不歸路。值得慶幸的是，後來巴斯德除了證明自然發生論的謬誤外，在過程中他還偶然開發了微生物學中一個非常重要的領域，那就是發現了「厭氧菌」＊的存在。過程是這樣的：

放大鏡

　　＊世上的生物絕大多數需要氧才能生存，相反的，厭氧菌不需要氧，而且會被氧殺死。

　　巴斯德在進行乳酸發酵的研究中遭到失敗，因為乳糖在轉變為乳酸的過程中產生了極臭的物質，在顯微鏡底下，巴斯德看到了桿形的細菌，他意會到這是受到污染的結果，雖然是一種失敗，但因為他精微的觀察力，讓他發現了更重要的東西。在顯微鏡底下那一滴發酵液體中，巴斯德看著桿菌游走然後漸漸的失去活動力，對一般人來說這只不過是自然死亡而已，但他卻發覺到死亡的發生都在液滴的邊緣，液滴中心的桿菌仍然游動自如。他認為空氣，特別是空氣中的氧，是殺死桿菌的凶手，液滴的邊緣最先接觸到空氣裡的氧，因此在液滴邊緣的桿菌最先開始死亡。於是，他另換一滴發酵液，用空氣不停的吹著，一兩個小時後桿菌全部死亡；然後他改用二氧化碳來吹，桿菌卻一直保持活力。

就這樣，他發現了和普通細菌完全相反的生物，叫作「厭氧菌」，從而開啟了微生物學上很重要的一門學問，也再一次證明他永遠是轉敗為勝的能手。＊

放大鏡

＊厭氧菌的發現深具意義。早期醫學在探求致病的病原時常常分離不出結果來，因為用來分離的培養基是在空氣中培養的，致病的厭氧菌不能生長。現今的方法是培養在瓶裡，抽出瓶內空氣，放進氮氣和二氧化碳。也因此，在外星球有無生物存在的研究上，星球有無氧氣不能決定生命之有無，因為可能有厭氧的生物存在。更有人認為地球誕生的初期是無氧的，要等到簡單植物的出現，行光合作用，才釋放出氧氣。

8 蠶　蟲

　　自然發生論的紛擾之後，巴斯德因緣際會參與了法國一個亟待解決的經濟問題，就是養蠶業的傳染病問題。當時，被傳染的蠶蟲身上會長出黑斑，就像被灑上黑胡椒一樣，因此也叫「胡椒病」，染病的蠶不久就失去活力，不吐絲、結繭便死亡。自從1845年發現第一個病例之後，很快便流傳開來，法國南部災情尤其嚴重，幾年後更成為大災難。

　　中國在四千年前便曉得養蠶抽絲*，傳到歐洲後也成為各國農業經濟重要的一部分，18世紀

　　*也有一說絲源自印度，但真正開始使用絲和締造絲的文明是中國人。西方人原本以為絲來自某種樹的絮或樹幹內的纖維，也有一些西方人以為是蜘蛛或甲蟲吐的絲。中國人緊守絲的祕密直到552年，兩位住在中國的修士將一些蠶卵偷偷的帶到君士坦丁堡，從此歐洲有了自己的蠶絲業。

前期，法國蠶繭年產量為六百萬公斤，到拿破崙時曾達到年產二千萬公斤、價值一億法郎的紀錄，桑樹因而被稱為搖錢樹。

當時仲馬已是參議員，負責處理這個大問題。仲馬的家鄉是南方大城阿雷市，受害最深，仲馬深信巴斯德的能力及工作態度，於是將此一重責大任交給巴斯德。巴斯德回信說，他從來沒碰過蠶蟲，但覺得受託非常榮幸。在去阿雷市之前他便著手收集資料，學到蠶卵在春天孵化，孵出小小黑黑的幼蟲，幼蟲什麼也不做只管不停的吃桑葉，直至長成肥肥白白的成蟲蠶，成熟的蠶開始吐絲結繭，把自己藏在繭內，身體經歷變化成為褐色花生米大小的蛹，蛹再蛻變成蛾，初夏時蛾破繭而出，產卵而亡。

這蠶病有不少名稱，但最為人知的還是胡椒病。由於阿雷市

的蠶蟲染病嚴重，蠶農只得從外地，尤其是從北方進口蠶卵，但只有第一代是健康的，第二代之後病蠶又逐漸被孵出。義大利、西班牙、土耳其及高加索山區，甚至中國本身都成了疫區，蠶農能買到健康蠶卵的地方就只剩下日本了。

　　對於疫情的產生原因眾說紛紜，有人推測是受到大氣的影響；有人認為是蠶種的退化或是桑樹生病了。巴斯德於 1865 年前往阿雷市，心中只有一個目標——那些黑斑。蠶農用各種方法來對付胡椒病，有人用硫磺或焦碳粉灑在蠶身上，有人則用酒及氯氣來處理桑葉，企圖紓解疫情。而巴斯德則盡量聽取他們對病情的描述，並且詳作筆記。

　　他在阿雷市設立實驗室，用顯微鏡察看健康和生病的蟲和蛾之間的微細分別，他詳細觀察蠶

身的斑，一時的靈感讓他覺得可能是微生物所引起＊。於是他想出了「選卵法」來解決這燃眉之急，方法是用顯微鏡察看蛾，銷毀所有具病徵的蛾及其所產的卵，留下健康蛾所產的卵作為下一季之用。

很多蠶農反對他的方法，一來是蠶農不知如何操縱顯微鏡這種精細的玩意，二來顯微鏡不是那麼普及，農村地方更是稀有。巴斯德於是鼓勵他們說，任何人都會使用顯微鏡，他的實驗室裡就有一個八歲的小女孩在用，毫無困難——那女孩就是他的女兒瑪莉・露薏。但是這種選卵法要等到第二年春天蛾孵卵後才能得到證實，農民耐性不夠，支持他

放大鏡
＊對現代人來說這是很容易的猜測，但那時微生物能引起動物疾病的觀念尚未形成，微生物致病的看法簡直是天方夜譚，甚至在巴斯德心中，這個觀念也只是尚在萌芽的階段。

的人不多。到阿雷市的第二年，巴斯德為了證實「選卵法」的功效，特地將兩組蠶卵寄到一家專業雜誌社去，並將預知的結果以密封的方式附帶寄去。果然，下一年當卵孵出來時，哪一組為健康、哪一組為病卵正如他所預告的。

第三年，他將十個顯微鏡放在阿雷市不同地點供人使用，而且他的實驗室也替人檢測，相信選卵法的人們開始多了起來，胡椒病這難題似乎已成過去。

不幸的是，實驗室附近有一個蠶農，他來自日本的健康蠶種，近來不知何故也發起病來，而且蛾都是健康的，這似乎推翻了巴斯德的理論，令他百思不得其解。

後來，在觀察那個蠶農的農場時，巴斯德發現他的蠶是一層一層的架在架子上飼養的，上層

的飼料和糞便可以漏到下層。巴斯德想，病蠶體內和糞便必定存有細菌，經由糞便自上而下的傳播，健康的蠶（包括來自日本的蠶）遲早會被傳染。糞便是感染源這個重大的理論因此又為巴斯德所發現。

就在一切都似乎迎刃而解之時，令人意外的是，一批健康的蟲卵並沒有孵出健康的幼蟲，牠們雖然沒有黑斑，但身體肥軟病態，相繼死亡。一而再，再而三的打擊，巴斯德完全被挫敗包圍了，但他仍然不向挑戰低頭。經過多方探究後，他在顯微鏡下察看到螺旋狀菌，豁然醒悟到那就是已經被別人研究過的另外一種病。他得出的結論是，這些年來法國的養蠶人除了面對胡椒病之外，還有這種病在作祟，而且兩病同時存在一個蠶體的情形非常普遍，這使得情況更為複雜。

巴斯德再次將自己投進這個新挑戰之中，終於得到滿意的結論，那就是蠶的感染自腸胃開始，當蠶蟲變成蛹之後，螺旋狀菌存在於消化系統及其後的蛾體內，他建議蠶農用細鉗子取出已下過卵的蛾的腸胃，加一點水放到顯微鏡下察看，沒螺旋狀菌的蛾便是健康的蛾，所下的卵便可留作來年使用。如此，他救了法國的養蠶業，其他的國家亦一同受其利。這樣的成功尤其難能可貴，因為這段時期，巴斯德正經歷著刻骨的家庭變故。

家庭變故和
朋友的困難

這幾年中，巴斯德正經歷非常悲痛的事。抵達阿雷市開始蠶病研究才九天，他父親便生病了，等他趕回家時父親已經過世，他生命中最親愛最尊敬的人已捨他而去，連最後一面都不能見著，他把父親埋葬在姐姐珍妮墓地旁後，便匆匆趕回阿雷市。

三個月後，才二歲的小女兒卡美兒也生病了，巴斯德每晚守在她的病榻旁，也改變不了她的命運。

不幸的事接二連三的發生了。卡美兒病逝後的第二年5月，十二歲的女兒思素在外市得了傷寒，巴斯德趕去探望後，思素稍有好轉。巴斯德看到女兒病容中甜美的微笑，卻沒想到這是他見到思素的最後的微笑。不久

後，醫生在信裡告訴他，思素已經離開了人世。

思素死後不久，巴斯德再次成為拿破崙三世的貴賓。那時巴黎剛經過一場霍亂的肆虐，拿破崙三世想要製造社會平安祥和的氣氛，他認為用政治方式不如用社會方式，於是舉辦了一場盛大的酒會。雖然巴斯德寧願把時間用在實驗室裡，但他也知道，如果能影響皇帝對科學和教育的重視程度，對法國的重振必大有幫助。

酒會上被問得最多的是酒的發酵和變壞的問題，其次是蠶病。巴斯德把顯微鏡帶去，將酒窖裡的壞酒置於顯微鏡下，讓大家親自觀察，並不厭其煩的解說。

1863 年時，拿破崙三世曾請求巴斯德解決法國酒變壞的問題，現在低溫消毒已經得到社會

的接受，拿破崙三世也和別人一樣，建議他把發現用在商業上，既可助人又可牟利。巴斯德回答說：「這會降低科學家的人格，如果樣樣以金錢著眼，生活會變得複雜，思想也會混淆，並癱瘓了創造力。」他現在唯一的希望，是能夠看著蠶蟲健康的生長，這對法國的未來極其重要。

巴斯德兩地奔波，平時在巴黎高等師範教書和實驗，暑期在阿雷市從事蠶蟲研究。後來，他在離阿雷市不遠的山腳下找到一幢寬廣的住宅，環境幽靜宜人，便舉家遷入了。這也算是遠離巴黎繁雜事務的方法，讓他的腦子更能思考。

對於不合科學的人或事，巴斯德從來不假以顏色，所以很多人都覺得巴斯德不好相處。但對於在科學上有創見的人，巴斯德則全力支持和讚揚，從來沒有妒

忌和排擠的心態，這是追求真理的人所具有的特色，從下面的例子就可以看出來。

當家人相繼死亡，巴斯德能夠從悲痛中掙扎出來的唯一途徑就是埋首工作，但不幸的事又再度發生。大他九歲、受他深深愛戴不亞於畢奧的同事克勞・伯爾納＊得了嚴重的腸胃病，不得不被送回家鄉養病，滿懷的工作熱忱和滿腹的工作計畫都只得劃上休止符，巴斯德深深了解這種心情，他覺得肉體的折磨也許需要精神上的激勵，才能把這位幾近崩潰的學長重新拉回到科學的行列來。

他在百忙和悲痛中堅持為伯

放大鏡

＊克勞・伯爾納　1813～1878 年，法國生理學家，後來被尊為實驗藥物學的創始人，只講求實驗和證據。他有數項醫學和藥學的創見，例如食物的消化大部分在小腸而不在胃，胰臟對脂肪的分解，以及神經系統控制血管的收放來保持體溫等。他是法國首位獲得國葬的科學家。

爾納寫一篇文章，把伯爾納發表的研究和其對科學與人類的重要性一一示諸世人。在文章中，他還引用伯爾納自己的話:「當遇到和理論相反的結果時，相信結果，質疑理論。」說明伯爾納對科學研究的態度。巴斯德更進一步提到有關同事們敬愛伯爾納的一個小插曲，教育部長有一次問仲馬對於伯爾納這個偉大的生理學家的看法，仲馬回答說:「伯爾納不是偉大的生理學家，他是生理學本尊。」

後來，伯爾納漸漸康復了，他自認對於巴斯德的讚賞受之有愧，在給友人的信裡說道:「巴斯德的讚賞癱瘓了我的交感神經系統的血管舒縮神經，使我臉紅得直至髮根。但我不敢說他胡說。」從這些幽默的文詞中，可看出他們之間的相敬相愛。

10 為教育抗爭

　　在一個大規模的學潮後，法國教育部門經歷了一次大變動，巴斯德失去了高等師範科學部主任的職位。由於仲馬的升遷，留下了高等教育總監的位置，而教育部長認為最適任的是巴斯德。但正要簽合約的時候，巴斯德的老師巴納卻表示他對這個位置也有興趣，巴斯德不看重自身名利，一切都以科學和教育著眼，又因為對巴納懷著感恩及尊敬的心情，於是去信給教育部長，表示巴納才是最佳人選。

　　由於學生不願看到巴斯德離去，教育部更不想讓這樣有名的學府失去一位有成就又受學生愛戴的師長，於是部長推薦他擔任「總管」，以及巴納在蘇邦學院留下的化學教授職位。但巴斯德

感到這兩個職位將會占去他所有的時間和精力，不可能讓他盡情的研究，所以他只接受了蘇邦學院的職位。

這時，法國的經濟情況非常良好，教育部長杜雷正著手他的教育改革，但名重一時的蘇邦的學術環境卻令人不敢恭維，博物館不成博物館，法蘭西學院的實驗室又窄又潮溼，伯爾納稱之為「科學家的墳墓」。杜雷了解這種情況，可是內閣裡頭各位部長間的競逐使他的聲音全被淹沒。巴斯德不懂得搞政治，只是個埋頭苦幹的人，但當他一旦覺得國家的教育前途受到危害時，他也會做出出人意表的舉動。如現在他就寫了一封信給拿破崙三世。

陛下：我在發酵和微生物上的研究為科學闢出一條新路，其用途正在工業、農業及醫學上

開展，前途正是大有可為，我最大的願望是能夠在不受物質條件的牽制下努力工作。我希望能有一個夠大的實驗室和一或二個附室，好從事可能對人體健康有危險的實驗，如物質腐敗或傳染病的研究。沒有專供動物用的實驗場地，怎麼可能做氣腫、病毒及動物接種等工作及實驗？……又如一直嚴重損害畜牧業的牛羊炭疽病，每年損失四百萬法郎，應該花上幾個暑假去實地考察……在我心中有成千個關於有機體的死亡及其分解、重回到大自然的念頭，光是這個大循環的念頭就值得有一個好的研究室……。

　　第二天拿破崙三世便給杜雷去信，保證巴斯德的願望不會落空。杜雷很高興，立刻開始籌

　　劃，還徵詢巴斯德關於未來建築的大小模式及設備等等。未來的實驗室就在高等師範的公園內。一切都似乎順利的進行著。巴斯德也高高興興接受奧爾良市的邀請去演講醋的發酵，各界無不熱烈歡迎這位最年輕的科學研究所院士。從當地報章我們可以略知這時巴斯德的儀表:「……中等身材，臉孔白皙，眼鏡後面透出專注的眼神，衣著極其整齊，鈕扣上一顆小小的榮譽十字勳章……。」在講詞裡，他再度灌輸微生物的知識給大家──糖如何變成酒，酒變成醋，醋最終變成水和二氧化碳，每一部分都由不同的微生物參與，他尤其強調最後一部分：分解和死亡，生命回歸簡單的水和二氧化碳，回歸自然，再成為新生命。巴斯德說：「科學使我們更接近上帝。」

　　　四十五歲的巴斯德正值生命

力最旺盛的時期，他埋首工作的時候幾乎與世隔絕，漫遊於夢幻之境；當他回到人間，他和世人分享他的收穫，每一個發現都如另一個高峰的攀登，擴充他的地平線，展示無限的可能，調整過去的偏差。

但是命運永遠不忘給天才壓力。國家為了建築歌劇院用去上千萬的法郎，他的新實驗室計畫因此泡湯，這打擊對這位愛國的科學家來說是無法形容的。他當然懂得國家的建設是全面的，不能獨厚某一面，但當時的國際情勢是嚴峻的，東北方的普魯士坐大，世人皆識，在史特拉斯堡居住過的他，那時便已覺察到來自邊界的壓力。在這樣的大環境下，歌劇院的建蓋應當不是當務之急。

耿直的巴斯德選擇了官方的《監察報》作為發火的第一炮：

「……最膽大的觀念、最合理的構思孕育於觀察和實驗……實驗室和發現是同義一詞……一個國家失去了她的物理學家和化學家，就如同解除了武裝的戰士……電報、麻醉術、攝影術等的誕生，證明了實驗室是人類『未來』的廟宇……在人性往往是野蠻、狂妄、充滿破壞性的情形下，實驗室帶來富足、安樂和更堅強的人性，在那裡人類可以了解自然和宇宙的和諧。」他接著說:「……過去三十年，普魯士蓋了不少大實驗室，在柏林和波昂兩地，都蓋了價值四百萬法郎的建築作為化學研究之用，更多的實驗室正在建構中……俄國在聖彼得堡花了三百五十萬成立生理研究所，英、美、奧地利、巴伐利亞、義大利……。」

　　「法國?」他回過頭來問:「法國尚未開始……看看巴納在蘇邦

的工作地方，頂著『法蘭西學院』的大頭銜，只不過是個位於街面下一公尺的黑暗潮溼的地窖……我們的工作者必須挪用教學的經費來作研究……。」

接到這樣的來稿，編輯先生從椅子上跳起來，大叫著這段要改那段要刪，但他知道直來直往的作者不會同意，便請巴斯德將文章直接送給拿破崙三世的祕書看。巴斯德照做了，祕書也將文章呈給皇帝。第二天給巴斯德的消息傳來：不能在《監察報》上刊出，但為什麼不以小冊子的方式印行？皇帝也於第二天向杜雷表示關切。於是巴斯德的文章首先在另一份刊物登出，再印成小冊子面世。但他仍不滿意，捉住每一個演講的機會宣揚他的訴求。

幾天後皇室慶祝王子生日，拿破崙三世便在書房召見巴斯

德、伯爾納及兩位學界人士，並請來他認為帝國行政部門最應負責此事的三位首腦，包括杜雷在內。大家都對現下純科學被冷落一事感到憂心，巴斯德更將自己對科學發展的意見全寫在紙上，強調應該著重研究但也不能忽略教學，更引用外國的例子作為他山之石，尤其以普魯士為榜樣，倡議將巴黎和其他六個大城市的大學連結起來成為「法國大學」，並和社區緊密融合，學以致用。

　　不論成效如何，我們可以知道，當國家的教育前途受到危害時，巴斯德是多麼的願意為教育而戰！

11 生病

　　1868 年 10 月 19 日這一天，是巴斯德生命中非常不幸的一天。

　　早上，他身體的左半部先是感到麻痺，但他仍堅持去科學研究所宣讀一篇義大利學者關於蠶絲的論文。論文將撲滅蠶病的功勞歸功於巴斯德，巴斯德本人對於鄰近各國認同他的成就，而自己也能帶給法國榮耀，感到無比振奮。

　　中餐後他忽然感到一陣發冷而必須躺下來，但下午二時半他仍堅持到科學研究所宣讀那篇論文。

　　晚上九點鐘巴斯德上床就寢，還未上得了床他又一陣發冷，他想叫喚妻子但發不出聲音，好一陣之後才恢復了語言能力。巴斯德夫人請來了家庭醫

生，發現他因腦出血中風，已半身不遂。

　　第二天，巴斯德感到病情好轉，便如常到學校去，但三位醫生決定在他耳後放置十六條吸血蛭蟲，吸出腦中的積血，可是當晚他就昏睡如死，半身癱瘓。

　　第三天友人來看他，他勉強可以說話：「很不幸我要死了，但我想為國家做的事情還那麼多。」家裡擠滿了人，有人搶著看顧他，有人搶著替巴斯德夫人做家務，就連皇帝、皇后每天都派人來探聽消息。一星期後他的病情大有好轉，頭腦邏輯清晰，科學界同仁都雀躍不已，慶幸這位才四十五歲的同僚重回科學研究領域，但他勢必得經歷漫長的復健過程。

　　巴斯德發病前實驗室的建構已經開始，忙於組織未來的研究架構也是導致他中風的原因之

一。他躺在床上的日子，天天詢問工程進度，但妻子兒女從窗口探望的結果卻是工程已經停頓了。原來搭建實驗室的主事人推測巴斯德不會康復，所以在第一時間工程便停了。於是巴斯德向當局表示關切，皇帝讓杜雷一層一層查下去，很快的，工程又再度上路。四十二天後，巴斯德第一次可以下床，坐在輪椅上一個小時。

這段時期，巴斯德沒有放棄進修，妻子、兒子、女兒、幫忙的人等每天搶著念書給他聽，尤其有人給他一本勵志的書，作者的見解最得巴斯德的認同，他像找到了一位知心朋友一樣，兩人都深信一個國家的國勢，是每個國民的品德活動和能力的總和。他的理想因此更上層樓，畢竟科學家除了能帶給國家名和利之外，更重要的是要能夠帶給全人

類福祉和希望。

隨著 12 月的到來，巴斯德癱瘓的肢體漸漸恢復了功能，這給了他很大的鼓舞。養病才三個月，在 1869 年 1 月 18 日隆冬，他不顧所有人的反對，領著妻子兒女及助手，躺在馬車上奔向南部和東南部的養蠶區，為的是推廣他的「選卵法」，他希望能在春季孵卵期到來時，拯救這一季的蠶。

一些機構和私人蠶農仍然質疑這方法的可靠性，一位頗有能力的蠶業女主管來信，送給農業部長一些自稱健康的卵，部長將收到的三包卵寄給巴斯德，希望巴斯德孵出來予以證實。巴斯德把卵研究了一下，便回了他一封信:「……這些卵一文不值，用我的方法只花十分鐘就知道它們全是壞卵，不用浪費時間去孵了。你可以告訴那位女士，我把它們

全扔到河裡面去了……。」

又有一個地方部門懷疑巴斯德的方法，他為了說服更廣大區域的民眾，便寄去四包不同的蠶卵，並標上何者為健康、何者為病卵、何者有胡椒病、何者有其他的病、何者將孵出二病俱有的小蠶等預測，並要求在春天時大家一同來檢視。他的助手們也在同一時期帶著健康的卵到各地去散發。從助手們自各地帶回來的報告，證明任務百分之百成功，蠶農的收入也回復了正常。

拿破崙三世的內務部長（管家）華倫將軍養蠶自娛，在巴黎自己家中的院子裡設起養蠶室，用巴斯德的方法來管理，對他的才幹十分激賞。他很同情巴斯德病體所遭受的折磨，認為巴斯德在成功拯救了養蠶業之後，應該好好休息一陣子，因此主動向皇帝建議，將皇室在奧地利南部擁

有的莊園，讓給巴斯德作休養之
處所，拿破崙三世立即同意。巴
斯德帶了家人和助手於11月住進
了莊園，得到了真正的休息。期
間他還不忘工作，繼續口述一本
著作，由太太筆錄。

　　春天來時，他發動莊園內的
五十個工人全部投入養蠶工作，
為莊園賺進了二萬二千法郎，是
這莊園十年裡的頭一次收入。
1870年6月，巴斯德一家人辭別
了居留八個月的莊園。

　　正當巴斯德在莊園中休養生
息與世隔絕的同時，一場大風暴
正在外面的世界醞釀著。

12 失去了樂隊的指揮

　　天空有如鉛一般灰沉厚重，大雪紛紛落下，一輛破舊的馬車一個輪高一個輪低，辛苦而緩慢的往前移動。車輛與行人在積雪和污泥上留下的痕跡使路面充滿了坑洞，但這不是馬車寸步難移的主要原因，主要原因是迎面而來的人群，他們衣衫襤褸，扶老帶少，牛車、手推車上堆滿了衣物家當。人群裡更多的是制服破爛的士兵，他們彼此攙扶著，有些躺在擔架上，繃帶血跡斑斑。這是從「普法戰爭」*前線退下來的法軍。

　　巴斯德一家人的破馬車逆著人潮前進，車上的人都聚精會神，搜索著每一個士兵的臉，希望能發現桑因・巴斯德 —— 巴斯德獨子 —— 的蹤跡，在路途上掙

扎了五天，傷兵實在太多了，在風雪裡人們都緊裹著頭和臉，辨認更為困難。巴斯德夫人和女兒逢人便問獨子桑因‧巴斯德的下落，巴斯德本人因才從中風康復不久，精力有限，駕馭馬車已令他心力交瘁。

普法之戰於 1870 年 7 月爆發時，巴斯德一家人才自莊園回到巴黎不久，隨著戰局的惡化，巴黎人心惶惶。另一方面，有熱血的年輕人紛紛參軍，高等師範的學生全體投筆從戎，杜雷的三個

＊普魯士王威廉一世在「鐵血宰相」俾斯麥的經營之下，有心取代法國稱霸歐洲，導火線是西班牙的皇位繼承問題，法國以帝國的餘威，逼使威廉的親戚退出皇位之爭，並於 1870 年 7 月 19 日對普魯士宣戰。普魯士有備而來，法國兵力也大不如前，大軍被圍，拿破崙三世長年為痛疾所苦不能統軍，仍率援軍馳救，也被包圍於色丹，9 月 3 日投降。消息傳至巴黎，4 日，群眾攻進議院，法國第二帝國消失，第三共和誕生。普軍長驅直入，巴黎被圍城四個月。後來雙方簽訂「法蘭克福條約」，法國割讓亞爾薩斯及洛蘭兩省的一半，賠償普魯士五十億法郎。威廉一世並於 1871 年加冕為「德意志帝國」皇帝，宣布建立以普魯士王國為首的德意志帝國。

兒子和巴斯德十八歲的獨子都在行列裡。巴斯德希望能和杜雷一樣參加國民軍，但被眾人勸阻了，大家還勸他最好離開巴黎，理由是巴黎被圍時越少人消耗糧食越好。他們一家人懷著悲痛的心情於9月5日（第三共和成立的翌日），啟程返回老家阿玻市。不久，巴黎便開始經歷為期四個月的悲慘圍城生活。

巴斯德在家鄉的日子不好過，失去了實驗室和學生，就像失去了樂隊的指揮。窩居室內，到處是父親留下來的記憶，勳章、拿破崙的塑像、第一帝國的光榮，在在使他覺得羞愧。巴斯德的愛國心不是狹窄的法國至上觀念，他和一般法國知識分子都有同感，樂見義大利的統一，樂見德國的統一，嚮往世界各國的和平共處，這是法國大革命的理念。在屋裡待煩了，巴斯德就到

染坊河上的橋頭和民眾接觸，聽一些來自各地，尤其是來自巴黎的消息：1871 年 1 月 5 日高等師範被炸；8 月 9 日校內歷史博物館中彈……他握著拳頭回到家裡，悲痛的想著：他所仰慕的普魯士到哪裡去了？她的科技研發精神、文哲的精深、制度的健全，帶來的竟是法國的苦難……他想把悲憤發洩出來，他想到

1868 年波昂大學頒給他的榮譽醫學博士頭銜，於是執筆直書：

先生：……這張文憑使我一見便生厭……尤其當看到我的名字在上面。請將文憑收回……並請把我的名字從你們教授名冊中刪除，以作為一名法國科學家對一位野蠻虛偽的人（指普魯士統治者），一心要滿足自己罪惡的野心，而殺害兩個偉大國家的行為所表示的憤

怒。

這封信寫給波昂大學醫學院院長。巴斯德又收集一些普軍殘酷不仁的事件，以及法軍、人民英勇抗敵的事蹟，編寫成書，其中對婦女在巴黎之圍的貢獻和犧牲著墨甚多。

尋親的馬車繼續前進，五天後一家人來到集中撤退軍隊的城市，到處可見圍著火堆取暖的士兵、傷兵，他們飢餓、寒冷、因戰敗而沮喪。人們互相耳語著總司令舉槍自殺的消息……在這個極端悽涼的境地裡，巴斯德一家發現了一位朋友的姪兒，彼此欣喜若狂，畢竟在這種戰爭死傷很多的情況下，還能活命，已經很難得了，但他也不知道桑因·巴斯德的下落。

「我唯一能告訴您的是，」另外一位士兵回答巴斯德夫人說

道：「他那個師的一千二百人只剩下三百個。」

這晴天霹靂的消息使得做媽媽的瑪莉不能接受，她失去控制的不斷詢問更多的士兵。

「桑因‧巴斯德？」一個路過的兵員喊道：「他還活著，昨晚我們一起睡在雪坊鎮，他落後了，因為他正生著病，前往雪坊鎮的路上一定可以找到他。」

巴斯德一家人倉忙上路。離城不久有一輛破推車經過，一位裹著大衣、手臂露在車外的年輕士兵剛好看過來，沒想到他正是巴斯德一家千尋萬找的桑因……全家人擁抱在一起，一句話都說不出來。這一刻，大雪紛飛化為燦爛陽光，徹骨嚴寒變作三月春陽。巴斯德和兒子就近到了日內瓦，讓兒子養病。

戰爭永遠是人類命運的主宰。本來在 1870 年 6 月離開了寧

靜的莊園，身心得到足夠的調適，巴斯德有滿腦子計畫想要執行，在回巴黎之前他先訪問維也納、慕尼黑，還特地拜訪普魯士知名化學家李比。李比是自然發生論的強力支持者，也是巴斯德最頑強的反對者之一，他只認同發酵是有機物質腐敗的結果，是死亡現象，但與酵母菌的生長無關。雖然經過巴斯德十多年來的努力，證明這「死」其實成就了微生物的「生」，這是自然生生不息的大化，李比仍無法接受。雖然李比非常親切禮貌的接待巴斯德，但每當巴斯德稍有一點轉到正題的企圖時，李比就立刻關閉所有溝通的門道。巴斯德沒有氣惱，他是為了科學，為了求真，他相信自己總有一天可以說服李比。

回到巴黎之後，大家想推選巴斯德為參議員，原本很排拒政

治的巴斯德竟然開始認真考慮，因為他希望能為推行科學的研究和教育找到更大的著力點，而且也可和仲馬及伯爾納成為同僚。沒想到，戰爭使一切成空！

戰爭仍持續著，雖然阿坡市成了普魯士軍的兵站，高等師範改為戰地醫院、炮兵和國民兵營房等，部分建築物被炮彈所毀，巴斯德仍想回學校，但被副校長力阻，他只好去里昂住在妹妹家。在這段國恥的日子裡，他苦心思索，教育和國民的素質，科技和國家的國力、前途……。

一天，巴斯德收到波昂大學醫學院回覆的信:「……你對我們神聖的普魯士皇帝威廉的侮辱，我們表示完全藐視……P.S. 為了保持檔案不被污染，我們決定退回你的廢紙。」巴斯德也不甘受辱，馬上回了一封信:「……普魯士嘴裡的『藐視』是對一個真正

法國人的褒揚……。」外交界或學術界的辭令即使是敵對，通常也是含蓄而禮貌的，不仔細推敲不知其「微言大義」，但當愛國心加上國破家散的悲憤，禮貌於是成了武器。

失去了實驗室的巴斯德就像失去了士兵的將領，他完全無所作為，義大利的大學給他化學教授的職位，愛國心使他婉拒了，他要留在法國，跟苦難的祖國在一起！他唯一能做的是不斷深思，設想著未來無數極先進的計畫，並與同事、助手和學生分享。

為了在啤酒技術上超過普魯士，巴斯德將研究的重心從蠶病轉回到發酵上來，甚至遠赴英國大啤酒廠，推介他的理論，即啤酒的變壞是由於空氣、容器，或工人手上壞的微生物的感染。他用顯微鏡檢視每一批酵母菌的純

度，來預言產品的品質，並一一得到驗證。這種如諸葛神算般的先見，驚動並征服了英國啤酒界，也使他對提升法國啤酒地位的信心更加堅定。英國之旅後他便直接回到巴黎，此時，高等師範已經修復了。

13

雞霍亂

　　普法戰爭對巴斯德的人生影響極大，他眼見法國士兵的傷亡，以及自己親人的相繼病故，將原因歸納為微生物的傳染，他恨自己不是醫生，於是毅然決定投身傳染病的研究。

　　普法戰爭前三年，巴斯德的「微生物論」激發了一個獨具慧眼的人，他就是英國的李斯特醫生。李斯特最服膺巴斯德的學說，認為發酵和蠶病由微生物所引起是完全正確的理論，因此人類很多疾病，尤其是傳染病，也是和微生物有關連。他在手術房裡噴灑碳酸氣，來殺死空氣中飄浮塵埃裡的細菌，手術用的物品也注意清潔和消毒，因而大大減低了傷口的感染，以及術後的死亡率。

以 1868 年為例，截肢手術的死亡率為百分之六十，同一時期李斯特的四十個手術病人中有三十四人存活，死亡率只有百分之十五＊。普法戰爭前四個月他更發表了手術原則，冀望外科醫生能採用，但法國在這方面幾乎無人關心，完全不知在戰爭中，成千上萬的傷兵和平民因傷口感染而得了血液充滿細菌的血菌症和氣腫，面臨截肢與死亡的命運。

法國醫生古安侖因為受巴斯德理論的召示，並且看到李斯特臨床上的成績，才在戰爭末期用消毒過的紗布包紮病患的傷口，將死亡率降低到百分之四十四，使大家大為驚喜。

戰後不久，古安侖邀請巴斯德到醫院觀察他的手術，從此開

＊李斯特是創立無菌手術的人，被尊為現代手術之父。

啟了巴斯德參與醫療工作的旅途。雖然手術室血淋淋的場面，病人的痛苦表情，常常使他忍受不了，他還是感到非常欣慰，尤其李斯特來自英國愛丁堡的信函，將無菌手術成功挽救了大量的生命，完全歸功於他微生物論的啟示。不久，巴斯德被選為醫學研究所院士，和伯爾納一樣成為非醫生院士。

有了新的實驗室，又多了醫院這新舞臺，巴斯德如魚得水，往後的數年裡他從事多項重大的研究，成果皆為微生物學及醫學上的里程碑。

1879 年法國流行雞霍亂（也叫雞瘟），受災的養雞場在幾天內損失了大部分的雞。早在 19 世紀的 30 年代，已有人注意到很多疾病的傳染性和流行性，並預言未來會再出現，但囿於當時自然發生論的思想，大家皆認為致病

原因是腐敗物質的化學作用。巴斯德因蠶病的經驗，再度懷疑微生物也是雞瘟的真正病源。

在研究各種病菌引起的疾病時，首要的工作就是找出一種培養劑，讓病菌在上面繁殖。當時常用的培養液是尿液或肉湯。經過巴斯德的細心觀察，他發覺不同的微生物讓不同的動物產生不同的病，顯示它們喜歡不同的養分來源。在研究雞瘟這項新挑戰裡，他用雞筋煮汁，成功的培養出致病原。有了培養劑，便可以開始研究了。

這年的夏天，巴斯德回家鄉度假，把實驗室交給助手，他的助手不久也去度假了，菌株沒按時換種到新培養液上去。數星期後培養液乾涸，助手心想，脾氣不好的巴斯德回來，如果見到滿桌乾癟的菌株，事情可嚴重了！正焦急得如熱鍋上的螞蟻時，巴

斯德正巧回來了！

果然，巴斯德兩手插腰，眼睛瞪著滿桌玻璃瓶管，好一會兒沒說話，後來又不勝負荷的坐下來，雙手捧著腦袋，助手以為他再度中風，嚇出一身冷汗，轉身要出去求救。

「等一下。」後面傳來巴斯德的聲音，助手踏往門口的腳懸在半空中。

「我們到養雞室去！」巴斯德不慍不火的說。

他們將乾涸的那些老菌株接種到雞身上，雞並沒有如以往一般得病而死亡，其後將新鮮的（也就是致病力特強的）菌株再注射到這些雞身上*，奇蹟般，雞好像得到了保護，全部存活了下來。這表示什麼呢？這表示他

*當然同時也接種在一組普通雞上，作為對照組，這一組的雞應該得病，以證明這新鮮菌株確實能夠致病。

們成功的發現了雞瘟的疫苗＊！

巴斯德的理論是：在惡劣的環境下生長的致病原失去了大部分的致病力，只能刺激動物體產生抵抗力而不能致病。也就是說，失去培養液環境而只在空氣中生長的雞瘟病菌沒有使雞生病的能力，反而刺激雞隻產生抵抗力。巴斯德再次從危機中看到轉機，讓雞瘟因此得到了控制。

放大鏡

＊疫苗的誕生來自天花的觀察，人們早就注意到擠牛奶的人常從牛身上感染到牛痘，但症狀輕微，而且不會再得天花。英國人簡納將牛身上牛痘的膿液注射到一個男孩的手臂上，如所料的得到了牛痘，他又將從人身上取得的天花膿液給男孩注射，結果男孩沒有發病，所以他認為牛痘膿液保護了男孩，因而發明了人類第一個疫苗。當時的時間是 1796 年，那是觀察和經驗的成果，沒有科學的根據。而有科學根據的微生物學要等半個世紀後才萌芽。中國古時候亦知道用天花患者疤上的皮膚給人抹擦，以防天花。

14 牛羊的炭疽病

　　炭疽病有著長遠的歷史，時發時止，法國每年為此損失上千萬法郎。受害的牛羊受一種桿狀細菌侵襲，病發時垂頭喪氣口吐泡沫，繼而呼吸緊促口鼻滲血，肢體抽搐，數小時內便死亡，屍體流出既濃又黑的血液，羊群的死亡率為百分之十到百分之五十，視國家及地區而異。德國的柯克＊在巴斯德開始投入研究的前一年就已著手進行研究，發現是一種桿狀細菌引起的，就叫作炭疽桿菌。這種菌在惡劣的環境下能長出孢子，孢子在自然界中的

生存能力極強，能抗乾旱、高溫及化學藥品，等到環境好轉才重新生長，這種能力使人聯想到植物的種子。孢子在土壤中可以存活十多年，直到再度進入牛羊體內，便引起疾病，又可傳給人類，引發流行病。

巴斯德親自到山野牧場去了解，一來重溫童年的生活，二來收集可能的線索。他和牧羊人在郊野聊天，知道牧羊人都把死羊就地掩埋，健康的羊吃了這裡長出來的草就容易得病，好似這片小地方被詛咒了一樣。

一天雨後，巴斯德照常流連在牧地，發現溼潤的泥土有一些小洞，洞口堆滿一圈圈的泥粒，這明明是蚯蚓自地下鑽出來的管道。這件事在別人眼中可能不重要，但對巴斯德而言可是靈犀一點：蚯蚓將孢子帶到地面上來，這就是病原菌不斷的來源，因為

蚯蚓的生活範圍只局限在地表下
數尺。於是他勸牧羊人將死羊埋
在更深的地下，或者就地燒毀羊
屍。於此同時，他繼續研究炭疽
病疫苗，而且必須搶在柯克之
前，才能把榮耀歸於法國。

　　稍微有接觸過微生物學的人
大概會注意到，有三個古怪的圖
象或標記常和巴斯德連在一起，
那就是巴斯德和他的老舊顯微鏡
（在他的年代可是嶄新的）。其
次就是他和鵝頸瓶的畫面。第三
個比較不為人知卻是最古怪的，
那就是他和他的熱水槽，槽裡有
著站立不安的雞，雞的身上綁著
溫度計。這些雞怎麼會落得這
「泡湯」的下場呢？這是一個關
於雞與炭疽桿菌的故事：在巴斯
德的研究下，炭疽桿菌可以活在
雞的身上，因為雞的體溫是攝氏
42度，不是桿菌生長的理想溫
度，因此雞不會生病而死，可以

說雞就是炭疽桿菌的培養劑，桿菌可以在雞身上一代一代活下去。但如果將雞放在水槽裡，讓牠們的體溫降至攝氏38度，雞就會發病死亡。既然雞攝氏42度的體溫對炭疽桿菌來說是惡劣環境，會失去致病力，那麼同時也就是製造炭疽疫苗的好方法。因此，將以這種溫度處理過的菌液注射到牛羊的身上，只會引起牠們輕微的發燒，牛羊就得到免疫力。就這樣，在1881年，他成功的製作出了疫苗。

在這研發炭疽疫苗的過程中，陰魂不散的自然發生論者還一直不相信細菌能致病，千方百計要證明巴斯德的錯誤。一位名叫卡林的教授，逢人便說他做過十二年的炭疽病研究，前後實驗了五百次。他明知雞在正常體溫下不會得炭疽病，卻硬說他的母雞每次接種炭疽桿菌後都會死

亡。於是巴斯德給他最新鮮的菌株去接種，然後每天追問卡林：「我的死雞在哪兒？」卡林推三拖四，幾星期都拿不出死雞來，他的說詞不是天氣不適就是助手出錯，最後他終於說只要再過幾天就可以給大家看死雞了。可是幾天變成幾星期，後來他乾脆就躲在家裡不出現。

巴斯德又窮追不捨的追問：「我的死雞在哪兒？」卡林被逼出一副受害者的苦臉，扯著稀疏白髮改成自我解嘲的說，那兩隻母雞雖然還未生病，但他絕對有信心牠們一定會死，只是非常不巧，籠子的門沒有拴緊，被一隻餓狗給撞開，可憐的雞就被狗一口吞到肚子裡去了。

卡林是炭疽病委員會的委員之一，卻如此耍賴，這已經是夠滑稽的了，但更滑稽的是，第二天，反而是巴斯德拎著幾隻死雞

135

出了實驗室大門，後面跟著打探消息的人和更多看熱鬧的人群，浩浩蕩蕩來到了醫學研究院。他把死雞扔在實驗桌上，兩手插腰的宣布，卡林拿不出來的死雞他都有了。這下眾人可完全被搞糊塗了，巴斯德難得露出一絲狡獪的笑容說：「你知我知，只有我們的卡林先生不知。雞的體溫是攝氏42度，是不會得炭疽病死的，卡林卻說他的雞都死於炭疽病，又一直拿不出證據來。我這些雞是養在水槽裡，身體的三分之一泡在攝氏38度的水中，就是因為這差別，牠們都躺在這裡了。」

疫苗在動物身上雖實驗成功，卻不擔保在實際環境（牧場）中也能產生預期的效用。牧業人士的期待和贊助，加上巴斯德想減低牧業的連年損失，一個盛大的示範會很快便在 1881 年春天舉辦起來，地點是巴黎南方一

個小鎮。這樣的示範在歷史上是首次，有關團體捐贈綿羊、山羊、牛等，共五十隻，分為二組，第一組由巴斯德的同事和助手注射疫苗，另一組則不注射疫苗以作為對照組，然後全體注射炭疽桿菌，等幾天後發表結果。

人們急切的希望成功，但也有不少人，尤其是巴斯德的對頭及仍死抱自然發生論的頑固分子，懷著幸災樂禍的心情希望示範失敗。雖然巴斯德對示範抱有百分之百的信心，但揭曉前夕還是忐忑不安的向家人說，這示範關係著他的事業和他的希望。示範成果發表那天，牧場上早就聚集了三百多人，包括農牧人士、獸醫、衛生官員、新聞媒體等等。而由於一位英國來的記者的大力報導，也使這個示範受到全世界的注目。

當巴斯德到達牧場時，群眾

發出了久久不絕的歡呼：接種疫苗的一組全都好好的吃著草；沒接種的二十五頭牛羊卻大部分都已經死亡或是病重。牧場的歡呼一下子便傳遍了整個法國，人們崇拜巴斯德，他成了英雄。

從此以後，他的實驗室就開始製造疫苗賣給牧場和獸醫。1881 年法國農民學會將榮譽獎章頒發給他，第三共和政府更是要頒給他榮譽大十字勳章。在受獎前，巴斯德提出一個要求，就是希望他的兩位得力助手章伯倫和安末尼‧羅能得到榮譽騎士勳章，第三共和政府接受了他的提議。消息傳到實驗室，大家熱烈慶祝，在兔子和母雞的環視下大開香檳。

同年 8 月 3 日，巴斯德率領法國代表團，出席在倫敦舉行的國際醫學大會。當法國代表團在會場剛入座，接待人員認出了巴

斯德，便上前敦請他移坐到榮譽席。當他起立之際，擠滿了人的會場全體起立鼓掌，巴斯德還以為這掌聲是給榮譽主席威爾斯王子的，主席派傑特趕緊附在他耳邊對他說，這是歡迎他及他所帶來的法國代表團的掌聲。巴斯德的內心既激動又欣慰，因為自從戰敗後，他唯一的心願就是讓世界知道，法國在科學研究方面又再度走在前頭。這些掌聲代表著他一切的辛苦都是值得的。掌聲過後，進場的是威爾斯王子及德國王儲弗德列三世＊。德國代表團有二百五十人之多，遠超過法國。主席致詞中提到的科學家只

放大鏡

＊四十九歲的弗德列三世高大威武，有軍事天才，在普法戰爭中擔任統帥。他不認同俾斯麥的鐵血手腕，在普法戰爭時，他也反對普軍將領的殘暴行為，以及和約條文對法國的嚴酷等等。他致力提升德國的藝術文化，可惜在 1888 年登基九十九天後便因喉癌而逝世。史家皆認為如果他能在位更久，德國在近代歐洲歷史上的定位可能有很大的改變。

有巴斯德一人，在巴斯德名字被提到時全場響起久久不絕的掌聲，直到巴斯德起立鞠躬才停歇。

在家書裡巴斯德描述了一段感人的細節：當天午宴在主席派傑特的家中，約有二十多人參加。飯後的交誼時間裡，主席將巴斯德介紹給威爾斯王子。巴斯德說他非常高興向一位法國的朋友致敬，王子則說應當是法國的「好朋友」才對，可見王子對巴斯德的敬重。

由於普法戰爭造成兩國的傷口猶新，心思細密的派傑特沒把巴斯德介紹給弗德列三世，巴斯德當然也沒有表現這種意願。可是出乎賓客的意料之外，弗德列三世主動趨前伸出友誼之手說道：「巴斯德先生，請容許我向你介紹我自己，今天能為你鼓掌是我的榮幸……。」那麼溫馨的一段

話，直把巴斯德對德國長久以來的愛和恨，推向一個正面而健康的方向。

普法戰爭後的十年間，除了雞霍亂和炭疽病的研究之外，巴斯德也參加過黑死病*、產褥熱*等相關課題的研究，他不遺餘力宣示細菌是大部分疾病的來源，尤其是傳染病，更從不放棄每一個推廣無菌手術重要性的機會，也因此常和醫生及院士們發生衝突。

巴斯德的成就使他成為法國的英雄、世人崇拜的偶像。倫敦國際醫學大會後兩年，他六十歲了，大家建議他退休，但他卻說：「還有那麼多的研究要做！」所

放大鏡

＊**黑死病**　科學家判斷這是一種因為鼠疫桿菌所造成的傳染病。此病的得名，一般認為是由於患者的皮膚會因為皮下出血變黑而來。它是人類歷史上一場非常嚴重的瘟疫，在全世界都造成了重大的死傷。

＊**產褥熱**　婦女在產後因產道受到細菌感染所導致的一種疾病。

以還不打算退休。的確，掌握了疫苗的神祕之後，要克服世間無數由微生物引起的疾病便露出曙光，對他來說這應該是一個開始而不是結束，因為他馬上展開了關於狂犬病的研究。

15 狂犬病

　　在歐洲，「狂犬病」一直和「魔」字連在一起。中國人則稱它為「瘋狗病」，因為得病的狗會口吐白沫，眼中布滿血絲，發狂的不停追著人咬，且不管是人或狗，死狀都極為恐怖——掙扎、抽筋、身體扭曲變形。

　　巴斯德和助手安末尼‧羅著手分離狂犬病的病原菌始終不成功，他們發現原來是因為這種病原菌太微小了，顯微鏡下根本看不到。就連章伯倫發明的瓷質過濾設備，這病原菌也能穿透，因此他們認為它是病毒（或稱濾過性病毒）而不是細菌。這種病毒會侵襲生物的中樞神經系統，無法用普通培養劑來培養，因此他們實驗時，只能讓病毒活在活兔子身上，兔子死了再將病毒注射

到另一隻兔子身上。

　　根據以往做雞霍亂實驗的經驗，巴斯德將帶有病毒的兔子脊髓懸掛在玻璃瓶子裡，保持乾燥和稍高的溫度，十四天後病毒失去了致病力，他們便注射到狗身上，狗果然沒有得病。第二天他們再注射致病力稍強的病毒（乾燥十天的兔脊髓），如此一步步提升的致病力導致狗身上產生越來越強的免疫力——起碼在實驗室的狗身上生效了。為了證明疫苗能在實驗室外也同樣有效，當局設立委員會主持像炭疽病一樣的大量動物實驗。

　　實驗占據了巴斯德大部分的時間，妻子瑪莉在結婚三十五週年之夜給兒女的信上說:「……你們的爸爸很少說話，睡得不多，完全沉浸在自己的思維裡。換句話說，和過去三十五年完全一樣。」

　　經過無數次的實驗，狂犬病疫苗的研發終於成功了！現在的問題是，怎樣才能幫全巴黎，甚至是全法國幾百萬隻的狗打預防針？而野外還有無數的狼、鼬、蝙蝠等等會傳染狂犬病的動物……別說是花費過於龐大，這簡直是不可能的任務！

　　這個問題困擾巴斯德很長一段時間，直到有一次在與人討論時靈感出現。巴斯德心想：為何狂犬病需兩週到幾個月才發病？病毒從傷口到中樞神經既然需要花這段時間，那麼疫苗可以和病毒來個賽跑，看誰先到達中樞神經，如果疫苗先到，中樞神經就得到保護。巴斯德馬上向助手們宣告要在狗身上做這個實驗。不料就在這同時，一連串的事情發生，改變了他們的計畫，卻也奇蹟似的解決了他們的難題，再一次將巴斯德推向了世人驚嘆的高

峰！

　　1885 年 1 月 6 日，三個人闖進巴斯德的實驗室，神情緊張、憂慮、疲勞。其中一人是個九歲大的男孩，他的身上、手腳上有十多個血漬斑斑的傷痕。原來，他兩天前被瘋狗攻擊，部分傷口已見骨了。此時由他的母親及狗的主人陪著，自老遠的亞爾薩斯乘火車來巴黎見巴斯德。

　　對巴斯德來說，這是一生中最重大的抉擇：是否給這個男孩注射疫苗？這種疫苗只在狗遭瘋狗咬前，或咬後不久注射，才能成功防止狂犬病的發作，在人體上從未實驗過，社會上也反對用人體做實驗，所以巴斯德曾想過在自己身上先試。疫苗雖然帶來希望，但亦可能使事態更糟，人體對疫苗可能有不良反應，使病情惡化，甚至死亡。但是除此之外，還有什麼方法可以改變這個

孩子必死的命運？用碳酸水洗？時效已過！自小即令巴斯德毛骨悚然的用赤熱鐵棒炙燒的方法，他連想都不敢想，時效也已經過了。用疫苗和病毒賽跑是否起步已晚？

巴斯德必須聽取兩位他最信任的醫生的意見，他們都是狂犬病委員會的成員又是神經專科，而他們的結論和他一樣，只有狠下心作痛苦的決定。

當晚，已經是事發之後第六十個小時了，巴斯德決定給小男孩注射第一針疫苗。小男孩見到是小小的針頭而不是火紅的鐵棒，不禁破涕為笑。巴斯德將小男孩帶回家治療，隨後的十天裡，又為他注射了十二次。大家都掛意著病情的發展，巴斯德也擔心得睡不安穩。狂犬病死狀的恐怖可能就要在這病床上躍出，但如果疫苗生效，有史以來殘害

人類、狗以及其他動物的恐怖死亡威脅，將從此消失。

三十天過去了，這個孩子雖然沒有發病，不過狂犬病可能拖上幾個月才發病，因此他們決定先讓這個孩子回家，然後每天寫信報告病況。狂犬病疫苗的人體實驗正考驗著巴斯德的能耐，他在給女婿的信中說：「本世紀最重大的醫學事件之一可能正在發生。」三個月後，小男孩仍沒有出現病發的徵兆，巴斯德便向科學研究所報告，疫苗的功效至此已不容置疑！

消息很快傳開，一個月後，一群牧童遭到一隻龐大瘋狗攻擊，其中一位十四歲的牧童為了保護朋友，奮不顧身衝出去和瘋狗纏鬥，將瘋狗壓在地上，他弟弟衝上來用鞭子把狗的嘴巴綁牢，兩人再合力把狗拖到河邊淹死。只是男孩已經遍體鱗傷，送

到巴黎時已是六天之後，巴斯德趕緊為他治療，收到非常好的成效。

一切好像一帆風順，困難都迎刃而解了。不料沒多久，來了一個頭部被瘋狗咬了的十歲小女孩，情況嚴重。巴斯德詢問發生的時日，女孩的父親回答：「三十七天前。」

巴斯德聽了心一沉，已經太遲了，她隨時都可能發病的，一旁的父母沉默無語。巴斯德沒有考慮太多，個人名譽不重要，救人濟世才是他的堅持。他立刻給小女孩注射疫苗，只是幾天後小女孩還是病發。巴斯德奔到她家，在病榻旁緊握她的小手給她安慰。但最後小女孩不敵病毒的侵入離開了人世，留下了涕淚滿臉的父母和巴斯德。小女孩的死，正好給那些認為疫苗是沒有用的人，一個絕佳的發難機會，

反對巴斯德的人也對他發起強力的攻訐，久久不絕。直到女孩的父親站出來表示，巴斯德是他遇到的好人中最偉大、最仁慈的人，他明知不可為而為之，不顧一生的名譽可能毀於一旦，因為他堅信救人是唯一的目的，這才平息了議論。

四天後，美國的《紐約先鋒報》通知巴斯德，將有四位少年來到巴黎求治狂犬病，巴斯德也很順利的將他們治好。這四人回到美國後，馬上成為家喻戶曉的人物，巴斯德的名聲也傳遍了全美國。

這時候，巴斯德已經舉世聞名了。甚至有十九位俄羅斯人被患有狂犬病的狼咬傷後來到巴黎，他們不會法文或英文，只說了「巴斯德」三個字，人們就趕緊把他們帶到巴斯德工作的地方。 1886年，巴斯德給科學研究

所的報告上總結，在他治療過的三百五十人中只有一位不幸死亡，就是那個延誤過久的小女孩。消息一經傳出，人們像潮水般湧來，實驗室根本容納不下這麼多人，因此巴斯德決定多租些地方治療病患。於是，離實驗室不遠的街上幾幢建築都成了醫療所，只是過沒多久又都人滿為患了。

16 晚年和
巴斯德學院

　　在 19 世紀，六十多歲的巴斯德不算短壽，中風使他不良於行，他借助枴杖步行，長期的辛勤工作影響了他的健康，法國人都看在眼裡，狂犬病疫苗的徹底成功更給他輝煌的研究生涯劃上完美的句點。法國人民開始捐獻錢財，要給巴斯德蓋一所更新更大的研究室，捐獻行動持續加溫，美國、俄國、巴西、土耳其及其他國家紛紛加入，並決定將實驗室命名為「巴斯德學院」。

　　巴斯德的醫生格蘭卻爾發覺巴斯德的心臟有一點問題，建議他多休息。於是，巴斯德去了法國南部一個小村落過冬，但春天到來時，他又回到巴黎投入工作。

1888 年 10 月 23 日下午，他正要跟妻子瑪莉說話，卻發不出聲音，

原來是一次輕微的中風，讓他的舌頭麻痺了。兩天後他的語言能力恢復正常，但是一星期後他又突然嚴重中風，從此他的語言能力就只剩下沙啞微弱的耳語了。

巴斯德是一個鬥士，一個勇者，雖然二度中風使他的健康狀態急轉直下，他的神情卻很愉快，因為巴斯德學院的建造過程令他感到興奮。這棟價值二百五十萬法郎的建築，是由磚和石材蓋成，外圍有鐵欄杆及修葺整齊的矮樹籬，內部則設置了全世界最先進的儀器。除了各個不同的實驗室之外，還有醫學圖書館和不同的教室，用來訓練新的科學家，繼續巴斯德未完成的研究。

1888 年 11 月 14 日巴斯德學院落成。各界來賓，以及巴斯德的家屬、同事、學生，擠滿了偌大的圖書館，大家輪流發表賀詞，嘉許學院所帶來的機會，並期許

學院有光明的未來。輪到巴斯德
上臺時，他知道自己的語言能力
受到限制，更明白感觸和情緒激
動會使他語不成句、涕淚縱橫，
於是便將預備好的稿子交給兒子
宣讀：

世界上有兩種相反的力量主宰
著我們，一個是嗜好流血和毀
滅，千方百計以日新月異的手
段來勾起戰爭；另一個是追求
和平和福祉，努力尋求新的創
意以拯救生靈。前者是暴力和
征服；後者是人道。前者犧牲
千萬人的生命以滿足獨夫的野
心；後者置一個人的生命於一
切勝利之上。

哪一種力量會得到最終的勝
利？只有上帝曉得。我們法國
科學界應該在人道力量的領導
下，不斷擴張生命的境界。

次日，拄著拐杖的巴斯德逐一察看學院的實驗室，他想看看那些在他早年求之不得的新儀器。雖然他仍頭腦清晰，但體力已羸弱，再也不能每日參與實驗的工作。研究重任由安末尼‧羅擔負。當巴斯德經過一間實驗室門口，他隱約聽到安末尼‧羅對學生講解：

看看這些鵝頸瓶，是巴斯德先生研究自然發生論的時候所製作的……這些試管是他用來做發酵研究的……

原來安末尼‧羅把這個實驗室的一角變成了小小的巴斯德博物館。學生散去後，巴斯德獨自一人在這角落徘徊，手指輕輕撫著這些瓶子，撫著過去的歲月，那些早起晚宿的日子，每一個發現都會影響世世代代的生死，而

就在這種與時光競賽的掠影中，家人一一逝去。

巴斯德眼見學院的一切蓬勃發展，心中充滿感激。他和瑪莉從高等師範住處，搬到學院為他們預備的公寓。夏日氣候溫和時，他喜歡在院子中大栗子樹下搭好的布棚子裡，消磨大部分的時光。他關心學院的研究，雖然他只能發出微弱的語音；他喜歡接見來自全世界的訪客，老朋友薩培常來陪他坐一下午，一同回憶少年時光。終於，他能夠全心全意、沒有其他牽掛的，把時光獻給愛他、為他犧牲了四、五十年的妻子瑪莉，享受含飴弄孫的天倫之樂。

人們一直覺得，像花崗岩石般堅硬的巴斯德形象，反映出他的內心，但熟識他的人卻有完全不同的印象。安末尼‧羅就常說：「你唯有接近他，才能感受到

他內心的仁慈。」

巴斯德七十歲生日的慶祝會在蘇邦學院的大禮堂舉行，全世界都派代表前來道賀，他的三位最得力的助手安末尼‧羅、章伯倫和杜克洛，受到群眾熱烈歡呼，在樂聲中法國總統攙扶著微僂的巴斯德進來。來自英國的李斯特走上前來，兩位老朋友緊緊擁抱在一起。

1895 年 9 月 28 日，巴斯德握著瑪莉的手，在家人環繞中，安詳的離開了他熱愛的一切。

巴斯德

小檔案

1822 年　出生於法國杜爾。

1827 年　全家搬到阿玻市。

1828 年　小學時表現出對繪畫的喜好 ， 以注重細節的筆法為其特色。

1837 年　就讀師範中學。

1838 年　前往巴黎，就讀大學的預備學校（高中）。但因適應不良，只好又到阿玻市的師範中學學習。

1842 年　以第十八名的優秀成績，通過高等師範大學的入學考試，但是放棄就讀。

1843 年　再次投考高等師範大學的入學考試，並以第四名的優秀成績通過測驗。

1847 年　取得高等師範大學的科學博士學位。

1848 年　法國爆發「二月革命」，巴斯德參加由民眾組合而成的護國軍。證明雷森默克酸具有左旋性，和畢奧成為忘年之交。11 月，被分配到迪贊市的迪贊高中教書。

1849 年	1 月，任教於史特拉斯堡大學。5 月，與史特拉斯堡大學的校長之女瑪莉共結連理。
1853 年	成功製造出雷森默克酸，獲頒榮譽十字勳章。
1857 年	藉由觀察酸奶、啤酒的發酵狀況，發表了關於「微生物」的報告，成為微生物學的創始人。
1860 年	由於在酒精、乳酸、酒石酸等方面的研究成果斐然，獲頒法國科學研究所的生理實驗獎。
1864 年	利用鵝頸瓶的特殊構造，成功證明空氣中充滿了微生物，徹底推翻「自然發生論」。
1865 年	想出判斷健康蠶蟲和生病蠶蟲的「選卵法」。
1868 年	首度中風。
1870 年	普法戰爭爆發，學校和實驗室都被迫關閉，巴斯德只好中斷所有的研究。
1879 年	成功的發明雞霍亂的疫苗。
1881 年	成功製造出炭疽桿菌的疫苗，榮獲第三共和政府頒發的榮譽大十字勳章。
1884 年	順利研發出狂犬病疫苗。
1885 年	首次將狂犬病疫苗注射在人體上。
1888 年	二度中風，喪失了正常的語言能力。「巴斯德學院」成立。
1895 年	過世。

獻給孩子們的禮物

「世紀人物100」

訴說一百位中外人物的故事

是三民書局獻給孩子們最好的禮物！

◆ 不刻意美化、神化傳主，使「世紀人物」更易於親近。

◆ 嚴謹考證史實，傳遞最正確的資訊。

◆ 文字親切活潑，貼近孩子們的語言。

◆ 突破傳統的創作角度切入，讓孩子們認識不一樣的「世紀人物」。

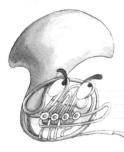

音樂家系列

沒有音樂的世界，我們失去的是夢想和希望⋯⋯

每一個跳動音符的背後，到底隱藏了什麼樣的淚水和歡笑？
且看十位音樂大師，如何譜出心裡的風景⋯⋯

由知名作家簡宛女士主編，邀集海內外傑出作家
與音樂工作者共同執筆。平易流暢的文字，活潑
生動的插畫，帶領小讀者們與音樂大師一同悲
喜，靜靜聆聽⋯⋯

兒童文學叢書

童話小天地

童話的迷人，

正是在那可以幻想也可以真實的無限空間，

從閱讀中也為心靈加上了翅膀，可以海闊天空遨遊。

這一套童話的作者不僅對兒童文學學有專精，

更關心下一代的教育，

出版與寫作的共同理想都是為了孩子，

希望能讓孩子們在愉快中學習，

在自由自在中發展出內在的潛力。

―――― 簡宛（名作家暨「兒童文學叢書」主編）

丁爹郎　奇奇的磁鐵鞋　九重葛笑了　智慧市的糊塗市民
屋頂上的祕密　石頭不見了　奇妙的紫貝殼　銀毛與斑斑
小黑兔　大野狼阿公　大海的呼喚　土撥鼠的春天
「灰姑娘」鞋店　無賴變王子　愛咪與愛米麗　細胞歷險記

國家圖書館出版品預行編目資料

```
微生物先知：巴斯德 / 郭永元著;李詩鵬繪.－－初版
二刷.－－臺北市：三民，2010
    面；  公分.－－(兒童文學叢書 / 世紀人物100)

    ISBN 978-957-14-4924-1  (平裝)

    1.巴斯德(Pasteur, Louis, 1822-1895) 2.傳記 3.通俗
作品

784.28                              96021384
```

© 微生物先知：巴斯德

著 作 人	郭永元
主　　編	簡宛
繪　　者	李詩鵬
發 行 人	劉振強
著作財產權人	三民書局股份有限公司
發 行 所	三民書局股份有限公司
	地址　臺北市復興北路386號
	電話　(02)25006600
	郵撥帳號　0009998-5
門 市 部	(復北店)臺北市復興北路386號
	(重南店)臺北市重慶南路一段61號
出版日期	初版一刷　2008年2月
	初版二刷　2010年9月
編　　號	S 781570

行政院新聞局登記證局版臺業字第○二○○號

有著作權・不准侵害

ISBN　978-957-14-4924-1　(平裝)

http://www.sanmin.com.tw　三民網路書店